rororo sport
Herausgegeben von Bernd Gottwald

Vom Anfänger zum Könner

Bennie Huisman
Gerard Huisman

AKROBATIK

Mit Fotos
von Ed Nijssen

Aus dem Holländischen
von Henriëtte J. J. Wassink

Rowohlt

SPORT
rororo

Deutsche Erstausgabe

Veröffentlicht im Rowohlt Taschenbuch Verlag GmbH,
Reinbek bei Hamburg, November 1988 (gekürzte Ausgabe)

Die Originalausgabe erschien unter dem Titel «Akrobatiek»
bei Uitgeverij Elmar B. V., Rijswijk (Elmar sport)

Layout Angelika Weinert
Umschlaggestaltung Peter Wippermann/Sebastian Raulf
(Foto: Huisman)
Satz Times (Linotron 202)
Gesamtherstellung Clausen & Bosse, Leck
Printed in Germany
1280-ISBN 3 499 18628 4

9.–11. Tausend Mai 1991

Inhalt

Einführung

Es ist erfreulich, wie stark das Interesse an Akrobatik gestiegen ist. Seitdem die Akrobatik auch außerhalb der traditionellen Grenzen des Zirkus stattfindet, nimmt auch die Zahl an Akrobaten schnell zu. Was die Akrobatik so attraktiv macht, sind ihre vielen Facetten. So stimuliert sie ein positives Körperbewußtsein. Das Lernen und Ausüben der Tricks bedeutet gleichzeitig das Erlernen der Fähigkeit, verschiedene Muskelpartien unabhängig voneinander einzusetzen. Darüber hinaus werden Muskelpartien beansprucht, die normalerweise nicht benutzt werden. Nebenbei muß man sein Gefühl für Orientierung und Gleichgewicht entwickeln. Da die Tricks mit anderen ausgeführt werden, fördert die Akrobatik das Arbeiten mit und das Vertrauen in den Partner oder die Partnerin. Was die Akrobatik so einzigartig macht, ist ihr ästhetischer Charakter. Gerade durch die Schönheit von Form und Bewegung ist sie sehr geeignet für Präsentation und Auftritte. Akrobatik ist eine attraktive Sportart, nicht nur zum Ausüben, sondern auch zum Anschauen.
Wir sind davon überzeugt, daß das Interesse an ihr nur wachsen kann. Dieses Interesse wird sich nicht nur auf die Freizeitgestaltung beschränken, denn gerade die Akrobatik kann ausgezeichnet in Tanz und Theater integriert werden. Überdies ist die Akrobatik für den Sportunterricht in der Schule sehr geeignet. Immer häufiger verwenden Lehrer die Akrobatik für Unterricht oder Workshops.
Dieses Buch ist für diejenigen bestimmt, die vorhaben, irgendeine Form der Akrobatik zu betreiben. Das Buch soll eine autodidaktische Hilfe sein zum Ausüben und Erlernen der verschiedenen Tricks. Noch besser ist es, mit einem erfahrenen Partner zu arbeiten, weil dieser konkrete Angaben über Haltung, Korrekturen, Fangen usw. machen kann.

In diesem Buch werden 96 Tricks behandelt. Der Schwierigkeitsgrad variiert von einfachen Übungen bis zu solchen, für deren perfekte Ausübung man bis zu drei Jahren regelmäßiges Training veranschlagen muß.
Nach der «Theorie» werden «Basis-Tricks» für zwei Personen erklärt, dann folgen die schwierigen «Zwei-Personen-Tricks», und der letzte Abschnitt ist den Tricks für drei Personen gewidmet.
Der Schwierigkeitsgrad der Tricks steigert sich kontinuierlich. Das Niveau der Tricks wird durch die Anzahl der Sterne bei den Übungen angegeben:

* ***Basistricks***
** ***Tricks für Fortgeschrittene***
*** ***Tricks für Geübte***

Bei allen Tricks sind die nötigen Informationen nicht nur aus der Beschreibung, sondern auch aus den Fotos zu gewinnen. Bewegungen, die besonders wichtig sind, sind *kursiv* gedruckt. Der *Abbau* eines Tricks wird nur beschrieben, wenn er anders verläuft als der *Aufbau*. Wo es notwendig ist, erfolgt eine Anweisung für die Fänger, die den ausführenden Personen eine Hilfestellung geben.
Ausführung und Präsentation sind ein wesentlicher Teil der Akrobatik. Deshalb beginnen die Tricks, bei denen die Unterperson liegt, stets mit dem «Hinlegen», auch wenn dies nicht besonders gekennzeichnet ist. Die ersten beiden Beschreibungen (S. 22, 23) sind so der Art und Weise gewidmet, wie man eine Person hinlegen und ihr aufhelfen kann. Darüber hinaus werden zur Präsentation keine näheren Hinweise mehr gegeben.
Zur Erklärung einer Reihe von Begriffen und zur Erläuterung einer Anzahl häufig im Text vorkommender «Griffe» verweisen wir auf die Seiten 16 bis 20.
Dieses Buch soll eine «Starthilfe» sein, die Freude an der Akrobatik wächst damit, daß man durch eigene Kreativität neue Tricks entwickelt und sich neue Kombinationen ausdenkt.

An dieser Stelle danken wir allen, die am Zustandekommen dieses Buches mitgearbeitet haben. Dank schulden wir Ed Nijssen für die vielen schönen Fotos. Marjan Koenen hat bei vielen Tricks mitgearbeitet, und man findet sie auf vielen Fotos. Henri Huisman hat den Abschnitt über «Warm up und Cool down» geschrieben. Maria Verkampen hat uns bei der Korrektur der Texte unterstützt.

Theorie – so kurz wie nötig

Prinzipien und praktische Voraussetzungen

Es gibt verschiedene Formen der Akrobatik. Die Form, die in diesem Buch behandelt wird, gehört zur Parterre- oder Bodenakrobatik. Diese Körperkunst oder dieser Sport besteht im Erschaffen «menschlicher Bauwerke» unter Verwendung eines Minimums von Hilfsmitteln. Obwohl der Begriff «Bauwerke» sich vielleicht sehr statisch anhört, trifft dies nicht immer zu, viele Tricks bestehen aus Bewegungsabläufen, die ineinander übergehen. Wir beginnen dieses Kapitel mit den wichtigsten Prinzipien und besprechen zunächst einige praktische Aspekte.

Gleichgewicht (Balance)

Alle Tricks beruhen auf dem Gleichgewichtsprinzip, d. h., daß eine derartige Balance erreicht werden soll, daß es die Ausführenden ein Minimum an Kraft kostet. Besser gesagt: Ein gutes Gleichgewicht ist dann vorhanden, wenn der gemeinsame Schwerpunkt sich über der Stützfläche befindet. Auf vielen Fotos ist dies gut zu sehen. Mit dem steigenden Niveau der akrobatischen Tricks wird normalerweise die Stützfläche kleiner und/oder der Schwerpunkt höher. Derartige Tricks geraten leicht aus der Balance und verlangen daher eine besondere Körperbeherrschung bzw. häufig eine besondere Anstrengung. Für Tricks mit drei oder mehr Personen kommt hinzu, daß sich die Aufmerksamkeit der Unterleute auf mehrere Punkte richten muß, was eine exakte Koordination erfordert.

Kraft

Ein gewisser Kraftaufwand ist unumgänglich beim Ausüben akrobatischer Übungen. Besonders beim Trainieren eines neuen Tricks, wo es noch schwierig ist, die Balance zu finden, muß man oft Kraft anwenden. Wenn man einen Trick gut beherrscht, wird dies um so weniger nötig sein. Bei Kraftanwendungen ist es wichtig, diese über jene Körperpartien zu verteilen, die tragfähig sind, wie z. B. die Beine, um einer Überbelastung vorzubeugen. Eine minimale Kraftanwendung wird nicht nur erreicht durch richtige Balance, sondern auch durch den richtigen Einsatz der Tempobewegung.

Tempo

Eine Tempobewegung dient dazu, aus einem Sprung maximale Höhe mit einem minimalen Kraftaufwand zu gewinnen. Eine Tempobewegung ist oft kompliziert aufgebaut, weil mehrere Faktoren zusammenkommen. Die Elemente, die eine Rolle spielen, sind Position, Timing, Geschwindigkeit und Kraft. Der Sprung soll im richtigen Moment, an der richtigen Stelle, in die richtige Richtung geführt werden. Die Position soll so aussehen, daß die Projektion des Schwerpunkts so schnell wie möglich in die Stützfläche fällt (Gleichgewichtssituation). Die Geschwindigkeit ist deshalb wichtig, um die richtige Position so schnell wie möglich einzunehmen. Natürlich ist es wichtig, daß die obere Person so hoch wie möglich springt. Voraussetzung ist, daß die ausführenden Personen gut aufeinander eingespielt sind. Detaillierte Beschreibungen gibt es jeweils bei den Tricks, in denen eine Tempobewegung erfolgt.

Partnerwahl

Im Anfängerstadium sollte man die Tricks mit den unterschiedlichsten Leuten ausprobieren. Durch die individuellen Größen, Gewichte, Kräfte und Geschwindigkeiten verschiedener Partner ist ein Trick schneller und besser in den Griff zu bekommen. Nach geraumer Zeit, manchmal erst nach Jahren, kann man sich auf weniger Partner beschränken. Dafür gibt es verschiedene Gründe: Gewicht und Körpergröße könnten dazu führen, nur unten oder oben zu arbeiten. Die Kombination von einer großen Oberperson und einer kleinen Unterperson ist nicht ideal. In so einem Fall gibt es oft Gleichgewichtsprobleme.
Auch die Kraft ist wichtig. Für die Unterarbeit ist eine gewisse Kraft notwendig, mehr als für die Oberarbeit. Dies steigert sich, je komplizierter

ein Trick ist. Das bedeutet, daß nicht jeder Unterarbeit leisten kann. Auf der anderen Seite müssen Oberpersonen eine besondere Gelenkigkeit besitzen und dürfen keine Angst bei gewissen schwierigen Übungen haben. Letztendlich ist natürlich gegenseitiges Vertrauen notwendig, um einen Trick sicher zu beenden; dies führt dann zu einer bestimmten Partnerwahl.

Fallen und Fangen

Im Anfangsstadium wird ein Trick nicht allein von den ausführenden Personen, sondern auch unter Zuhilfenahme von Fängern ausgeführt. Weil das Ausführen von akrobatischen Tricks nicht immer gleich gelingt, kann vor allem die Oberperson einmal fallen. Um Verletzungen und der Gefahr vorzubeugen, daß die Akrobaten ihr Selbstvertrauen verlieren, muß der Akrobat sicher sein, gefangen zu werden.
Allgemeine gültige Richtlinien sind schwer aufzustellen, aber einiges Grundsätzliches läßt sich dazu sagen: Man sollte niemals versuchen, einen Trick – koste es, was es wolle – durchzuhalten. Die Gefahr einer Verletzung nimmt dadurch nur zu. Derjenige, der fällt, sollte versuchen, sich selbst möglichst stark abzufangen. Man sollte sich nicht zusammenkauern, was oft im Reflex passiert, weil sonst die Fänger keine Möglichkeit haben, etwas zu unternehmen. Man sollte bei den Fängern Halt suchen, bevor man fällt.
Für die Fänger ist es wichtig, darauf zu achten, wo ein Trick schiefgehen könnte und dort eventuell einzugreifen. Häufig nützt es, bei schwierigen Übungen Hilfestellung zu geben, wie z. B. beim Schulterstand, vor allem wenn der Trick noch geübt wird. Dann sollte der Fänger mit seinen Händen die Beine der Unterperson unterstützen. Als Fänger muß man sehr aufmerksam sein, auch wenn der Trick schon sehr gut läuft, denn sonst kommt man eventuell zu spät, um noch helfen zu können.
Zu jedem Trick geben wir in diesem Buch Tips für die Fänger.

Räumlichkeiten, Kleidung, Hilfsmittel

Räumlichkeiten

Um gefahrlos Akrobatik betreiben zu können, muß man über genügend Platz verfügen. Der Raum, den man benötigt, damit man nach allen Seiten genügend Platz hat zum Fangen und Korrigieren, sollte mindestens 6x6 Meter groß sein. Obwohl die Höhe des Raums anfangs nicht so wichtig ist, sollte diese doch zirka 4 Meter betragen. Für geübte Akrobaten sind sogar 5 bis 6 Meter wünschenswert.
Der Raum darf nicht zu kalt sein, da sonst Verletzungsgefahr besteht. Der Gebrauch einer Matte ist sicherlich nicht bei jedem Trick notwendig, aber oft hilfreich, weil man dann nicht so hart liegt und bei eventuellen Stürzen nicht so hart fällt. Man sollte eine Matte benutzen, die maximal 7 Zentimeter dick ist, um einen sicheren Stand auf dem Boden zu behalten.

Kleidung

Elastische Kleidung, die die Bewegungen in keiner Form behindert, sollte man tragen. Enganliegende Kleidung beugt Abgleiten und Rutschen vor. Sehr gut ist z. B. eine Strumpfhose und ein Ballett-Trikot. Es ist möglich, Akrobatik barfuß zu betreiben, aber Turnschuhe oder Gymnastikschuhe verhindern ein Ausrutschen. Die Oberpersonen sollten Schuhe mit einem feinen Profil tragen, da den Unterpersonen sonst Schmerzen zugefügt werden.

Hilfsmittel

Wir nennen zwei Hilfsmittel, die man eventuell benutzen könnte. Für das Üben eines Handstands sind Stützen (Abbildung 1) sehr praktisch. Das Korrigieren ist darauf einfacher als am Boden. Der Griff ist eine gute Übung für spätere Handstände. Die Stützen sind leicht selbst herzustellen.

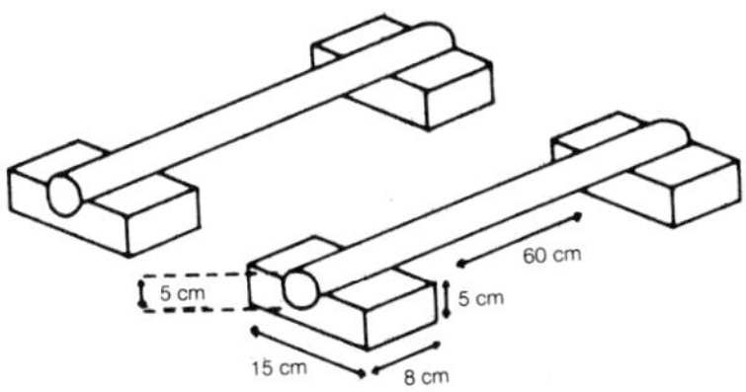

Abbildung 1

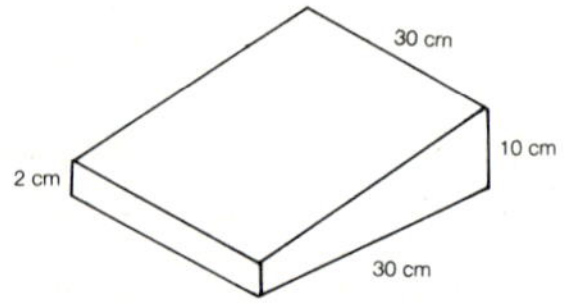

Abbildung 2

Eine andere Hilfe ist die Rückenstütze (Abbildung 2). Wenn es nicht gelingt, die Beine in Rückenlage hochzustrecken, kann diese Rükkenstütze helfen. Man sollte sie allerdings nur anwenden, wenn es wirklich notwendig ist. Besser ist es, das Problem zu lösen, indem man regelmäßig ein entsprechendes Training durchführt.

Warm up und Cool down

Warm up

Bei der Akrobatik können bei vielen Haltungen und Bewegungen große Belastungen entstehen. Deshalb ist es empfehlenswert, vorher ein «Warm up» durchzuführen. Wir beschreiben hier ein «Warm up», das aus drei Phasen besteht.

1. Allgemeines Aufwärmen: sorgt für gute Durchblutung des Muskelgewebes und bringt den Kreislauf auf das erforderliche Arbeitsniveau.
2. Stretching: dehnt die Muskeln und sorgt für deren optimale Funktion.
3. Sprünge und einfache Tricks zum Aufwärmen der Gelenke und Bänder.

Allgemeines Aufwärmen
Das allgemeine Aufwärmen kann aus den verschiedensten Bewegungsformen bestehen, wobei der Körper nur leicht belastet wird. In Betracht kommen etwa Laufformen, Hüpfen, Galoppieren usw., wobei der ganze Körper aktiviert wird. Diese erste Aufwärmphase sollte 5 bis 10 Minuten dauern.

Stretching
Es gibt im Körper eine Anzahl von Muskelgruppen, meistens an der Beugeseite eines Gelenks, die dazu neigen, sich bei Beanspruchung zu verkürzen. Dadurch wird die Leistungsfähigkeit eines Muskels herabgesetzt.
Mit Stretching versuchen wir, bestimmte Muskelgruppen optimal zu dehnen. Es handelt sich dabei um Übungen, die fast passiv ausgeübt werden; sie dauern etwa 8 bis 12 Sekunden und werden 4- bis 5mal wiederholt.

Am besten ist es, diese Übungen systematisch durchzuführen, beim Unterschenkel anzufangen, weiterzuarbeiten über die Oberschenkel, den Rükken und bis hin zu den Armen.

Die Übungen werden nicht federnd ausgeführt. Der Muskel wird so weit gedehnt, bis ein spürbarer Schmerz auftritt, der jedoch im Bereich des Erträglichen bleiben muß. Man sollte den Muskel dann einige Sekunden gestreckt halten.

1. Dehnung der Unterschenkelmuskulatur

Liegestütz mit einem gestreckten und einem angezogenen Bein. Versuche die Ferse des gestreckten Beines gegen den Boden zu drücken. Nach ungefähr 8 bis 10 Sekunden das Bein wechseln.

2. Dehnung der Oberschenkelmuskulatur – Vorder- und Rückseite

Ellbogenstütz, strecke ein Bein aus, und winkle das andere Bein unter deinem Körper an, so daß der Oberschenkel auf dem Unterschenkel ruht. Versuche gleichzeitig, dein Becken nach hinten zu schieben (Foto unten links).
Nach 8 bis 12 Sekunden aufrichten und den Oberkörper nach vorn beugen. Die Hände zum Fuß des gestreckten Beines bewegen (Foto unten rechts).
Nach einer Weile die Seite wechseln und von vorn beginnen.

3. Dehnung der Muskeln an der Oberschenkelinnenseite

Gehe in die Hocke und strecke ein Bein seitwärts. Das Knie des gebeugten Beines weist gerade nach vorn. Der Oberkörper wird leicht gebeugt und abwechselnd zum Knie des gestreckten Beines und zurück geführt (Fotos oben). Nach einer Weile die Seite wechseln.

4. Dehnung der Rückenmuskulatur

Mache langsam nacheinander einen Katzenbuckel und dann ein Hohlkreuz (Fotos unten). Dies mehrmals wiederholen.

5. Dehnung der Brustmuskulatur

Nähere dich mit deiner Schulter dem Boden, und strecke gleichzeitig den Arm an dieser Schulter seitwärts. Drücke nun die Schulter gegen den Boden (Foto links). Nach ungefähr 8 bis 12 Sekunden die Seiten wechseln.

6. Dehnung der Arm- und Brustmuskulatur
Strecke deine Hände so weit wie möglich nach hinten. Lasse jetzt die Hände stehen, und sacke mit dem Rest deines Körpers nach unten. Diese Position soll kurz gehalten werden.

Sprünge und einfache Tricks
Um Bänder und Gelenke aufzuwärmen, kann man alle möglichen Sprünge ausführen, die man sich leicht selbst ausdenken kann. Darüber hinaus ist es zu empfehlen, mit einigen einfacheren Tricks sein Training zu beginnen, um das Balance-Gefühl anzusprechen.
Nach diesem «Warm up» kann man mit der eigentlichen Akrobatik beginnen.

Cool down

Nach einer intensiven körperlichen Anstrengung ist es ratsam, das Training mit einem «Cool down» ausklingen zu lassen. Dies soll den Abbau von körpereigenen Verbrennungsprodukten fördern und wieder einen «Ruhe-Stoffwechsel» herbeiführen. Man kann dies auf verschiedene Arten erreichen, u. a. durch leichte Stretchübungen (siehe «Warm up»).
Eine andere Möglichkeit besteht im Ausführen von Lockerungsübungen («Ausschütteln»). Hierbei legt sich z. B. einer der beiden Partner entspannt auf den Boden. Der andere stellt sich über ihn und ergreift eine Hand der liegenden Person. Er schüttelt nun den Arm der am Boden liegenden Person und lockert so die Muskelpartien. Nach etwa einer Minute wird in gleicher Weise der andere Arm gelockert. Man kann natürlich auch beide Arme gleichzeitig schütteln.
Mit den Beinen kann man die gleiche Lockerungsübung machen. Es soll jedoch nur ein Bein zur Zeit ausgeschüttelt werden. Das Bein wird mit zwei Händen an der Ferse und am Knie unterstützt. Dann werden die Muskeln mit einer Schüttelbewegung gelockert.
Nachdem man sich auf diese Weise entspannt hat, unterstützt die warme Dusche die weitere Regeneration.
Ausführlich zu «Warm up» und «Cool down»: K.-P. Knebel, Funktionsgymnastik (rosport 7628).

Griffe

Die bei den meisten Tricks erforderlichen Griffe werden hier erläutert. Wie sich die Partner fassen, wird folgendermaßen angegeben:

RR (zwei rechte Hände fassen sich)
LR (linke und rechte Hand fassen sich)

Die Zahlen geben an, bei welchen Tricks der jeweilige Griff angewandt wird.

1. Daumen-Daumen-Griff/RR
Die Partner fassen einander um die Daumen und schließen die Hände.

***1*; *2*.**

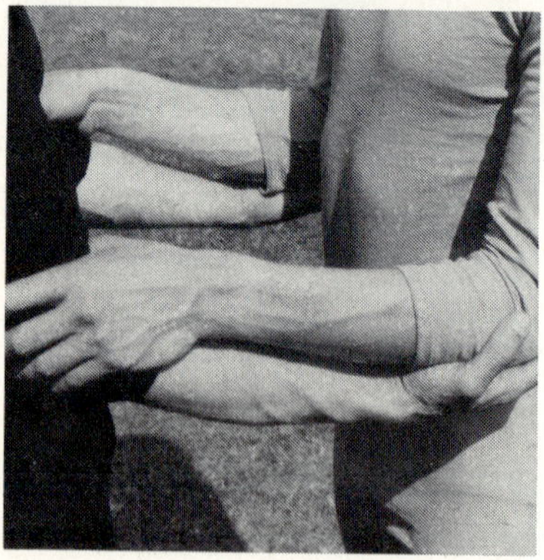

2. Ellbogen-Griff/LR
U legt seine Hände unter die Ellbogen von O, der seine Hände in die Armbeugen von U legt. O hält seine Ellbogen neben der Taille.

***3*; *4*; *54*; *55*; *75*; *76*.**

3. Kleinfinger-Daumen-Griff/LR
U hält seine Hände mit den Handflächen nach oben und spreizt den kleinen Finger ab. O faßt die kleinen Finger von U zwischen Daumen und Zeigefinger und hält dabei alle Finger seiner Hände an der gleichen Seite der Handgelenke von U. U umfaßt mit dem Daumen die Handgelenke von O.

5; 15; 18.

4. Finger-Handgelenk-Griff/RR
O hält seine Finger nach unten, U die seinen nach oben. Die Daumen fassen sich. Sowohl U als auch O legen jeweils zwei Finger seitlich an die Handgelenke des Partners. Die Handflächen stützen einander. Die Handgelenke sind leicht gebeugt.

19; 69; 71; 78; 79; 80; 81; 82; 83; 84; 85; 94; 95.

5. Handgelenk-Handgelenk-Griff/LR
Sowohl U als auch O umfassen die Handgelenke des anderen.

3; 4; 5; 8; 54; 55; 77.

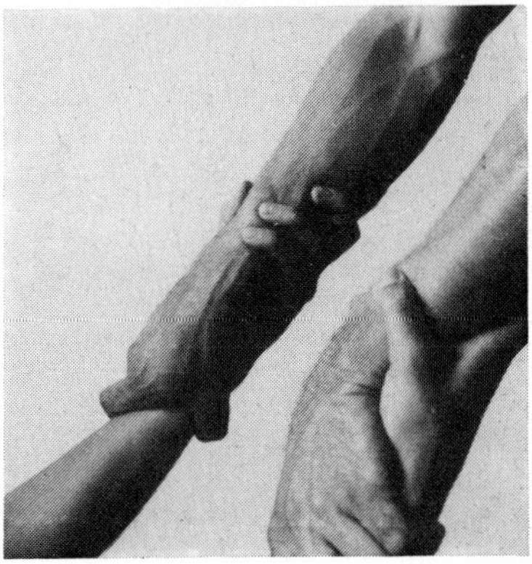

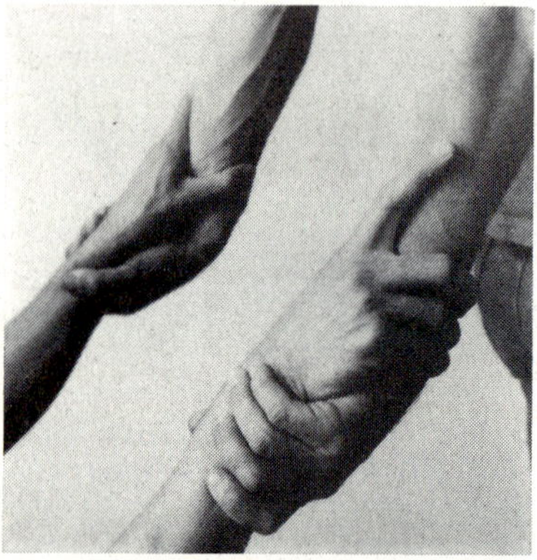

6. Handgelenk-Handgelenk-Griff/RR
Sowohl U als auch O umfassen die Handgelenke des anderen.

96.

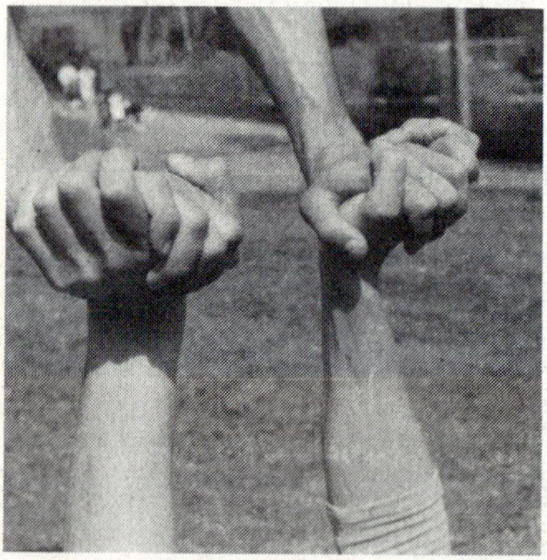

7. Hand-Hand-Griff/LR
U beugt seine Handgelenke weit nach hinten. O legt seine Handflächen auf die von U und umfaßt dessen Daumen. O legt seine Finger zwischen Daumen und Zeigefinger von U. U hat seine Finger seitlich an den Händen von O.

39.

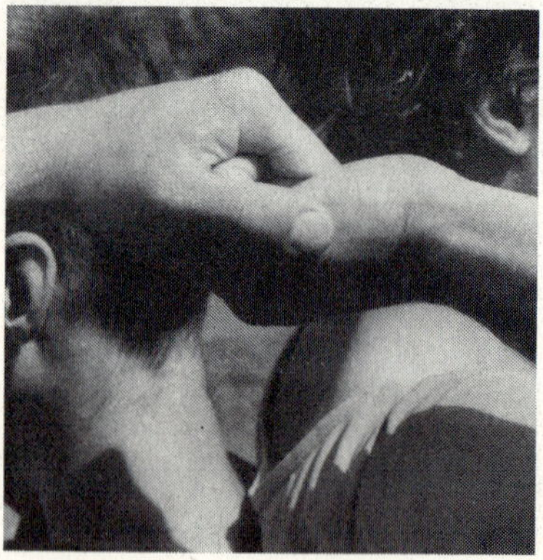

8. Finger-Griff/LR
U und O haken ihre Finger ineinander.

47.

9. Handgelenk-Handflächen-Griff/ LR

U umfaßt mit seiner Hand die Hand von O kurz unterhalb des Handgelenks. O hält seine Finger und den Daumen an der Außenseite der Hand von U.

77.

10. Stand auf den Händen

U faßt den Fuß von O in der Mitte, mit den Fingern an der Außenseite und dem Daumen an der Innenseite. Die Füße von O stützen sich auf die Handflächen von U.

56; 57; 58; 59; 60; 70.

11. Stand auf einer Hand

U faßt mit seiner rechten Hand den rechten Fuß von O in der Mitte, mit den Fingern an der Außenseite und dem Daumen an der Innenseite. U legt seine linke Hand mit dem Daumen unter den Fuß von O, die Finger an der Innenseite gegen den Knöchel von O. Der Fuß von O wird so rundherum gestützt.

56; 57; 61; 62; 63.

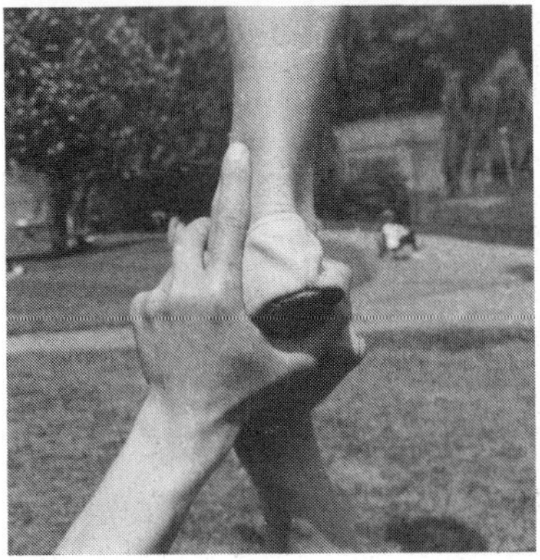

Begriffserläuterungen

U	*Unterperson:* derjenige, der den Trick in der unteren Position ausführt.
O	*Oberperson:* derjenige, der den Trick in der oberen Position ausführt.
Z	*Zwischenperson:* derjenige, der bei den Tricks für drei Personen den Trick in der mittleren Position ausführt.
beugen	Bewegung im Fuß- oder Handgelenk; dabei werden die Fußspitzen angehoben bzw. die Hände in Richtung der Handrücken bewegt.
strecken	Das Gegenteil von beugen. Die Handflächen oder Fußsohlen werden nach unten bewegt.
Tempobewegung (auch kurz Tempo genannt)	Eine komplizierte Bewegung, die dazu dient, aus einem Sprung mit einem Minimum an Kraft maximale Höhe zu gewinnen.
Tempozeichen	Ein Zeichen, mit dem die Unterperson anzeigt, daß nun eine Tempobewegung folgt.

Basistricks für zwei Partner

1. Vorwärts hinlegen*

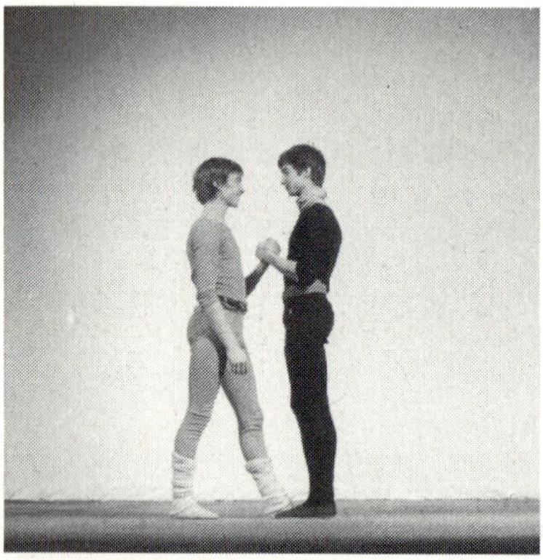

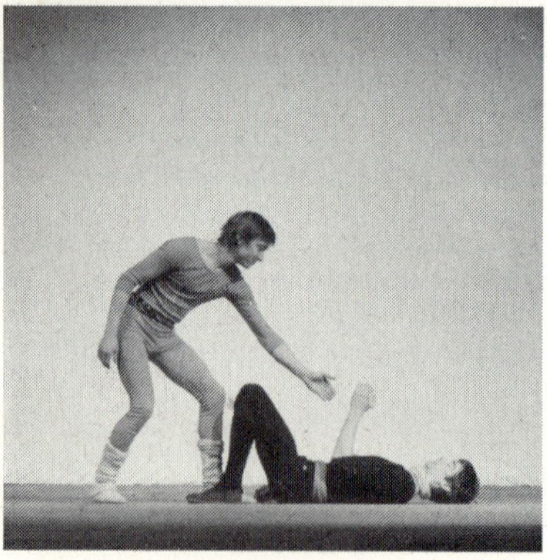

Die Partner stellen sich gegenüber auf, die Hände im Daumen-Daumen-Griff. **O** steht mit einem Bein voran zwischen den etwas gespreizten Beinen von **U**.

O läßt **U** nach unten sacken, bis **U** in der Hocke sitzt. Beide halten die Arme gespannt. **U** winkelt seinen Arm an, während **O** seinen Arm in der Bewegung streckt. ***O** achtet darauf, daß er nicht aus dem Rücken heraus hebt. Er lehnt seinen ganzen Körper statt dessen ein wenig von **U** weg.*

U kommt mit seinem Gesäß in der Nähe seiner Füße auf den Boden. **O** läßt **U** langsam rückwärts abrollen, bis er liegt. Währenddessen halten beide die Arme gespannt, so daß **O** die Bewegung steuern kann.

2. Rückwärts hinlegen*

O steht hinter **U**, Hände im Daumen-Daumen-Griff.

Während **U** seinen Körper gestreckt hält, läßt **O** seinen Körper langsam sacken. **U** bleibt hierbei auf einem Bein stehen und läßt sich durch das Beugen des anderen Knies sacken. **U** läßt seine Arme angewinkelt, während **O** seine Arme in der Bewegung streckt.

U kommt exakt waagerecht, also gleichzeitig mit seinem Rücken und seinen Beinen an den Boden, mit dem Gesäß so nah wie möglich am angewinkelten Bein.

O achtet darauf, daß er das Gewicht von **U** möglichst mit seinen Beinen und nicht mit dem Rücken trägt. Beim Heben halten sowohl **O** als **U** beide Arme angewinkelt. **U** bleibt gestreckt, und **O** hebt ihn mit einem kleinen Ruck hoch. Bei dieser Bewegung drückt **U** sein Becken hoch, um zum Stand zu kommen.

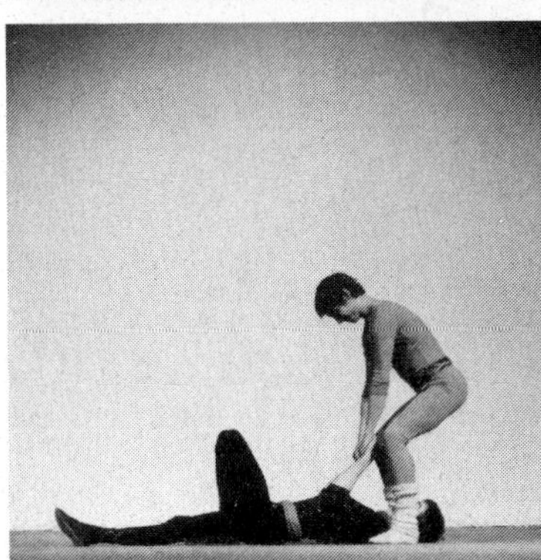

3. Kniestand aus dem Aufsteigen*

Die Partner stehen sich gegenüber, die Arme im Ellbogen-Griff. **U** steht ein wenig im Spreizstand und beugt seine Knie. **O** setzt einen Fuß quer auf den Oberschenkel von **U**.

U bewegt die Arme von **O** etwas nach außen und wieder zurück, um ihm zu signalisieren, daß er nun auf den Oberschenkel von **U** steigen kann. ***O** streckt seinen Körper auf dem bereits stehenden Fuß* in dem Moment, in dem **U** seine Arme nach innen bewegt. **U** unterstützt **O** dabei dadurch, daß er seine Ellbogen durchdrückt, *bis beide ihre Arme gestreckt halten.*

U führt **O** zur Mitte, so daß er auch den zweiten Fuß hinstellen kann.

Als nächstes lassen beide ihre Hände an den Armen des Partners entlanggleiten, bis sie jeweils das Handgelenk umfassen (Handgelenk-Handgelenk-Griff).
U kann die Balance dieses Tricks dadurch beeinflussen, daß er sich mehr oder weniger stark mit seinem Oberkörper hängen läßt oder seine Beine mehr oder weniger streckt.

Fänger: Hinter **O**.

4. Kniestand mit Tempo*

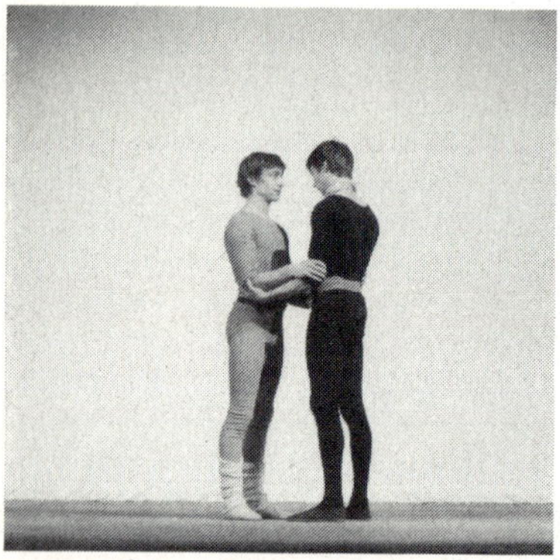

Die Partner stehen sich gegenüber und fassen ihre Arme im Ellbogen-Griff.

Bei diesem Trick erreicht man die Endposition durch eine Tempobewegung. **U** beginnt diese Bewegung mit einem Tempo-Zeichen: Er bewegt die Arme von **O** nach außen. Auf dieses Zeichen hin beugt **O** seine Knie, um zum Sprung anzusetzen.

***O** springt in dem Moment senkrecht hoch*, in dem **U** die Arme von **O** an dessen Körper drückt. **U** unterstützt den Sprung von **O** dadurch, daß er ihn unter den Ellbogen hochdrückt, *bis beide ihre Arme gestreckt halten*. Um dieses Hochdrücken zu erleichtern, beugt **U** seine Beine in dem Moment, in dem **O** springt.

Bei der Landung stellt **O** seine Füße auf die Oberschenkel von **U**. Die Übung endet damit, daß beide ihre Hände in den Handgelenk-Handgelenk-Griff gleiten lassen.

Um **O** abzusetzen, streckt **U** seine Beine und gibt ihm einen leichten Schwung mit den Knien. **O** winkelt seine Arme nicht an, so daß **U** ihn an den Handgelenken stützen kann, damit er sanft landet.

Fänger: Hinter **O**.

5. Wechselstand einbeinig*

Die Partner stehen wie bei Trick 3 und halten sich im Handgelenk-Handgelenk-Griff.

U bringt **O** auf sein linkes Bein. *Er dreht dabei seinen Oberkörper in die Richtung des belasteten Beins.* Dadurch gibt er **O** genügend Halt in den Armen. ***U** achtet darauf, daß er sich ausreichend weit nach hinten lehnt.* Beide halten ihre Arme gestreckt. ***O** streckt den Körper völlig.*

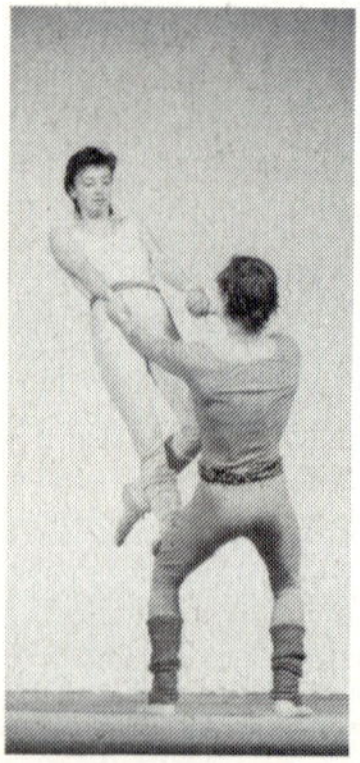

U schwingt nun **O** kräftig nach rechts. **O** setzt so schnell wie möglich seinen freien Fuß auf den rechten Oberschenkel von **U**. In der Bewegung (Schwung-Bewegung) nutzt **U** sein rechtes Bein als Drehpunkt, dreht sich um 90° im Uhrzeigersinn und setzt das linke Bein nach. **U** achtet darauf, daß er sich während dieser Bewegung ausreichend weit nach hinten lehnt, um die Balance zu halten.

U führt **O** ruhig auf sein linkes Bein zurück.
Man kann diese Bewegung beliebig oft wiederholen.

Fänger: Hinter **O**.

6. *Aufbau aus dem Aufsteigen**

U steht mit leicht gespreizten und gebeugten Beinen hinter **O**. Er faßt mit seinen Händen die Taille von **O**. Nun ergreift **O** die Handgelenke von **U** und stellt einen Fuß ganz auf den dahinter stehenden Oberschenkel von **U**.

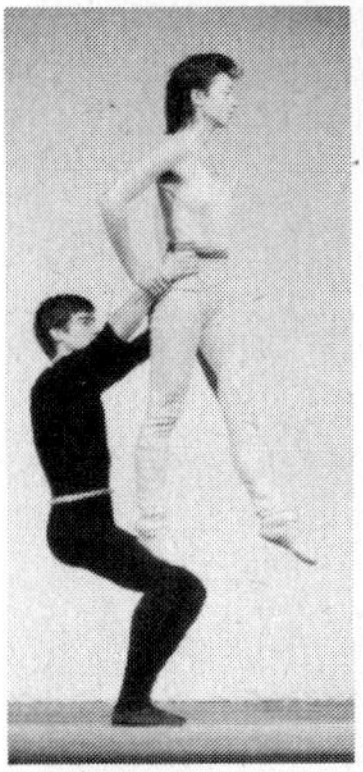

Nach einem Zeichen (leichtes Kneifen) *steigt* ***O*** *gerade auf dieses Bein von* ***U****.* ***U*** *unterstützt* ***O****, indem er ihn hochdrückt. Es ist darauf zu achten, daß sich* ***O*** *nicht zu sehr auf die Handgelenke von* ***U*** *stützt.*

Steht **O** gestreckt, so führt **U** ihn zur Mitte, so daß er auch den anderen Fuß aufsetzen kann.

U zieht **O** ein wenig an sich heran und legt seine Hände, eine nach der anderen, auf die Oberschenkel von **O**, knapp oberhalb der Knie. **U** sucht jetzt jene Position, in der er bei diesem Trick die geringste Kraft braucht. Er tut dies dadurch, daß er sich mehr oder weniger nach hinten lehnt.

7. *Aufbau mit Tempo**

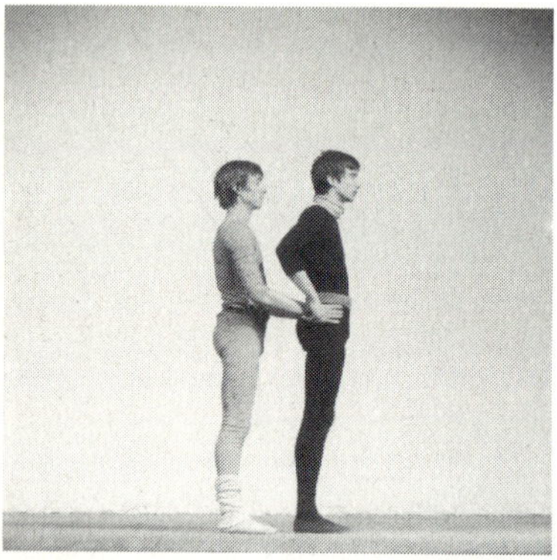

U steht hinter **O**, die Hände um dessen Taille. **O** faßt die Handgelenke von **U** mit dem Daumen an der Innenseite.

Nach einem Zeichen von **U** (leichtes Kneifen) *springt* ***O*** *gestreckt und gerade hoch.* ***U*** *unterstützt diesen Sprung dadurch, daß er* ***O*** *hochdrückt.* Während des Sprungs beugt **U** seine Beine und *bleibt in der Hocke*.

Bei der Landung stellt **O** die Füße auf die Oberschenkel von **U**. Der ganze Fuß, also sowohl die Zehen als auch die Fersen, müssen auf den Oberschenkeln stehen. **U** hat jetzt die Arme gestreckt und hält das Gleichgewicht.

O kann nun die Handgelenke von **U** loslassen. **U** setzt seine Hände nun, eine nach der anderen, auf die Oberschenkel von **O** und streckt die Beine ein wenig. **U** bestimmt die Balance des Tricks dadurch, daß er sich mehr oder weniger nach hinten lehnt. **O** bleibt gestreckt stehen.

8. Aufbau aus dem Kniestand*

Die Übung beginnt mit Trick 3.

In der Bewegung, die nun folgt, hält sich **O** *gerade und gestreckt.* **U** *achtet darauf, daß er sich ausreichend nach hinten lehnt.*

U bewegt **O** etwas nach rechts, und **O** stellt seinen rechten Fuß ein wenig höher auf den Oberschenkel von **U**.

U bringt **O** über sein linkes Bein, und **O** setzt seinen linken Fuß unter den rechten, auf das Knie von **U**.

O stellt seinen rechten Fuß auf den rechten Oberschenkel von **U**. Dabei faßt **U** den rechten Oberschenkel von **O** und zieht ihn etwas zu sich hin.

U faßt nun auch das andere Bein von **O**, so daß er dessen Bewegung steuern kann.

U schwingt **O** zunächst nach rechts, so daß **O** seinen linken Fuß richtig aufsetzen kann. Danach schwingt **U** ihn nach links, und **O** setzt auch seinen rechten Fuß richtig auf.

Fänger: Hinter **O**.

9. Arabeske*

O steht wie bei Trick 6.

U bringt **O** mit einem leichten Schwung auf ein Bein.
U umgreift dieses Bein mit zwei Händen. Dieses Bein muß so gerade wie möglich stehen, so daß **O** nicht im Griff von **U** hängt. Im Anschluß bringt **O** seinen Oberkörper gerade gestreckt nach vorn (Schultern nach oben) und streckt sein freies Bein nach hinten, im rechten Winkel zu seinem Standbein.

Eventuell kann **O** seinen Fuß dabei etwas quer drehen. Bei ausreichender Balance kann **U** den Arm an der Seite seines unbelasteten Beins loslassen.

Zurück: **U** faßt mit seiner freien Hand das freie Bein von **O** und stellt es zurück auf seinen Oberschenkel. **O** stellt sich wieder in die Anfangsposition (Foto oben links).

Fänger: Rechts von **O**, an dessen Oberkörper.

*10. Schwebebrett**

Ausgangsstellung wie Trick 6. **U** legt seine Hände um die Hüfte von **O**. Die Daumen zeigen nach hinten. **O** greift die Handgelenke von **U** fest und drückt sie an seinen Körper.

Nun richtet sich **U** mit einer Bewegung auf und führt dabei **O** an seine Brust.

U läßt **O** langsam durchsacken und zur Horizontalen drehen, bis **O** zwischen den Beinen von **U** hängt.

U muß darauf achten, daß er soweit wie möglich die Halte- und Hebebewegungen aus den Beinen heraus und nicht unter Einsatz seines Rükkens ausführt. *Gehoben wird also mit einem geraden Rücken.*

Um **O** wieder in die Senkrechte zu bringen, bewegt **U** ihn so dicht wie möglich an seinem Körper entlang. **U** erleichtert diese Bewegung dadurch, daß er **O** erst leicht mit dem Oberkörper nach hinten schwingen läßt, bevor er ihn hochhebt. **O** kann seinerseits diese Bewegung dadurch erleichtern, daß er sich ein wenig *in die Höhe stemmt und stark auf die Handgelenke von* ***U*** *stützt.*

Fänger: An den Schultern von **O**.

11. Schultersitz aus dem Aufrichten*

O steht im leichten Spreizstand. **U** sitzt hinter **O** fast in der Hocke. **U** plaziert seinen Nacken zwischen die Beine von **O**.

Während **O** die Beine gerade gestreckt läßt, *nimmt* ***U*** *den ganzen Körper von* ***O*** *etwas nach hinten.* **O** sitzt jetzt mit geradem Rücken auf den Schultern von **U**.

U kommt nun mit den Beinen aus der Hocke. ***U*** *behält seinen geraden Rücken bei.*

Sobald **U** steht, klemmt **O** seine Füße hinter den Rücken von **U**. **O** bringt seinen Schwerpunkt genau über den von **U**.

Fänger: **O** an der Seite unterstützend.

12. *Aufbau aus dem Schultersitz**

O sitzt auf den Schultern von **U** (siehe linke Seite). Nach einem Zeichen (z. B. leichter Klaps gegen die Beine) von **U** hebt **O** seine Beine vom Rücken von **U**. Gelenkt von **U**, setzt **O** seine Füße der Länge nach auf die Oberschenkel von **U**. **U** faßt mit seinen Händen die Oberschenkel von **O**.

O bringt sein Gewicht auf seine Füße, und **U** nimmt seinen Kopf zwischen den Oberschenkeln von **O** heraus.

Nun macht ***O*** *sich gerade.* **U** kann jetzt seine Arme strecken, so daß nun beide aneinander‹hängen›.

Fänger: Seitlich neben **O**, an den Oberarmen.

13. Schultersitz und gerader Abgang*

O sitzt auf den Schultern von **U** (wie Trick 11).

Nach einem Zeichen von **U** (leichtes Kneifen) streckt **O** seine Beine nach vorn. **U** faßt die Fersen von **O** an der Außenseite und stellt ein Bein nach vorn. **O** beugt seine Füße, so daß **U**, vor allem später in der weiteren Bewegung, ihn dort besonders stützen kann.

U beugt sich leicht nach vorn, um **O**, der sich nun nach hinten gelegt hat, ein Gegengewicht zu bieten. **O** legt sich jetzt in die Waagerechte und streckt seinen Körper. ***U** gibt viel Gegendruck auf die Fußgelenke von **O**.*

U beugt sich noch weiter nach vorn, bringt seinen Kopf unter die Beine von **O** und schließt dessen Beine. **O** streckt seine Arme hinter dem Kopf.

***U** stützt **O** mit seinem Rücken* und läßt ihn in den Handstand hinuntergleiten. **U** beugt dabei seine Beine, so daß **O** ruhig auf seinen Händen stehen kann.

O geht aus dem Handstand in einen Überschlag und stellt sich auf die Füße, während **U** seine Füße losläßt.

Fänger: Seitlich, unterhalb der Schultern von **O**.

14. Knie-Schulterstand*

U legt sich auf den Rücken. **O** steht zwischen den Beinen von **U**, legt seine Hände auf die Knie und seine Schultern in die Hände von **U**. ***U** hat seine Arme gestreckt*, Finger und Daumen zeigen in die gleiche Richtung.

O springt mit einem Schwung in den Schulterstand. ***O** streckt seine Arme*, sobald sein ganzes Gewicht sich auf den Armen von **U** befindet. Wenn **O** seine Arme gestreckt hat, drückt **U** die Schultern von **O** leicht in Richtung seiner Knie, um zu verhindern, daß **O** ins Schwanken kommt und so sein Gleichgewicht verliert.

Steht der Trick stabil, kann **O** langsam seine Beine strecken. **U** gibt **O** Anweisungen für dessen korrekte Position: Er muß **O** in gerader Linie stehen sehen. Er sagt **O**, ob er mehr von seinen Füßen oder mehr von seinem Gesäß sehen will.

Fänger: Seitlich, an den Hüften von **O**. **O** kann unter Umständen nach hinten überschlagen; in diesem Fall stützt **U** weiterhin die Schultern von **O**, so daß dieser auf seinen Füßen landen kann.
Fangen: Unter dem Rücken von **O**.

15. Frosch aus dem Knie-Schulterstand*

O steht mit gestreckten Beinen bei **U** im Schulterstand (siehe Trick 14, Foto unten). **O** beugt seine Beine, bringt seine Knie zur Brust und führt seine Füße zu den Knien von **U**.

Gleichzeitig versucht er sich so klein wie möglich zu machen. Um sich gut zusammenrollen zu können, *schiebt **O** sein Becken ein wenig über die Arme hinaus in Richtung des Kopfes von **U**.* Wenn **U** seine Hände beugt, vereinfacht er die Bewegung für **O**.

Wenn **O** seine Füße auf die Knie von **U** gestellt hat, bringt er seine Hände an die Handgelenke von **U**.

Nun gibt **U** **O** einen Schubs mit den Armen (zuvor leicht beugen), und **O** übernimmt diese Bewegung, *während er sich auf den Handgelenken von **U** hoch und nach hinten drückt.* **O** kommt in die Hocke auf die Knie von **U**. **U** und **O** greifen ihre Hände, eine nach der anderen, im Kleinfinger-Daumengriff.

Fänger: Seitlich oder hinter **O**.

16. Freier Schulterstand aus dem Knie-Schulterstand**

O steht bei **U** im Schulterstand (Trick 14).

Nach einem Zeichen von **U** löst **O** eine Hand vom Bein von **U** und setzt diese kurz unterhalb des Ellbogens auf den Arm von **U**. Der Daumen zeigt dabei nach außen.

O bringt seinen Schwerpunkt exakt über seine Schultern. **U** bewegt den Arm, auf dem die Hand von **O** ruht, senkrecht über seine Schultern.

Als nächstes führt **U** die andere Hand von **O** mit seinem Bein in die Richtung seines Ellbogens.

Gleichzeitig bringt **U** auch diesen Arm gerade über seine Schulter. **O** legt nun auch seine noch freie Hand auf den Arm von **U** und hält seine Ellbogen zusammen.

U kann beim Balancieren helfen, indem er seine Hände mehr oder weniger beugt. **O** kann jetzt vorsichtig seine Beine strecken.

Als Variation kann **O** auch von Anfang an seine Beine gestreckt halten.

Fänger: Seitlich, an der Hüfte von **O**. **O** kann unter Umständen nach hinten überschlagen; in diesem Fall stützt **U** weiterhin die Schultern von **O**, so daß dieser auf seinen Füßen landen kann.
Fangen: Unter dem Rücken von **O**.

17. Freier Schulterstand aus dem Einspringen**

U legt **O** auf den Boden und stellt sich mit gespreizten Beinen über ihn. **U** streckt seine Arme hoch, und **O** legt seine Schultern in die Hände von **U**.
Dabei hält **U** Finger und Daumen auf der gleichen Seite der Schultern von **O**. **O** bringt sein Becken so weit wie möglich in die Höhe, indem er mit seinen Beinen in die Richtung seiner Hände geht. *Dabei darf er nicht die Arme von **U** wegdrücken.*

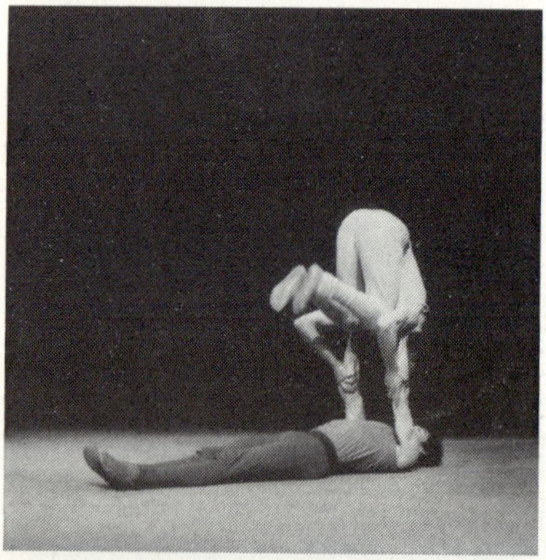

O springt ein und bringt, mit angezogenen Beinen, sein Becken so schnell wie möglich über seine Schultern. Hierbei kann **U** eventuell helfen, indem er seine Arme einen kurzen Moment leicht beugt und sofort wieder durchstreckt. ***O** hält seine Ellbogen zusammen.*

Wenn **O** sicher steht, kann er seine Beine strecken.

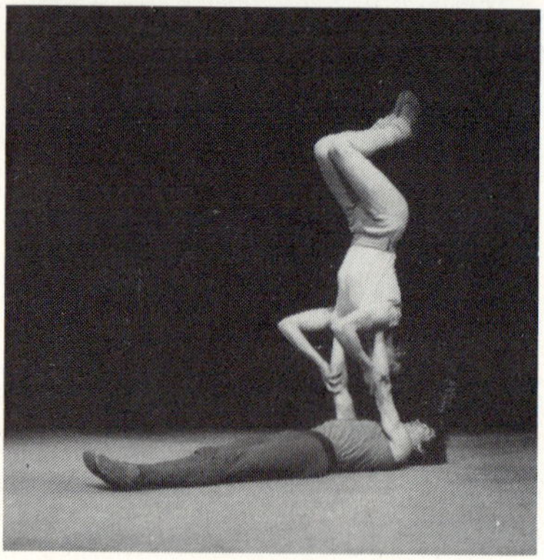

Man kann diesen Trick abrunden, indem man langsam in die Ausgangsposition zurückkehrt. **O** bringt seine Beine zurück, hält aber sein Gewicht so lange wie möglich gerade über den Händen von **U**, *indem er sein Becken leicht über seine Schultern* in Richtung des Kopfes von **U** schiebt. **U** hilft **O**, indem er seine Hände leicht beugt.

Fänger: Seitlich, an der Hüfte von **O**. **O** kann unter Umständen nach hinten überschlagen; in diesem Fall stützt **U** weiterhin die Schultern von **O**, so daß dieser auf seinen Füßen landen kann.

Fangen: Unter dem Rücken von **O**.

18. Kniestand aus dem Frosch*

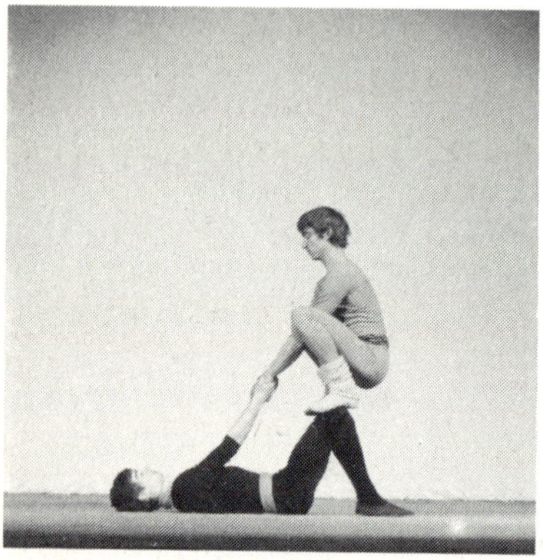

Die Anfangsposition kann man aus dem Schulterstand erreichen (Trick 14) oder durch den Aufstieg, den wir hier beschreiben.
U legt sich hin und zieht seine Knie an. Beide halten sich im Kleinfinger-Daumen-Griff. Gestützt auf die Arme von **U**, steigt **O** auf dessen Knie und geht in die Hocke. **O** hält seine Arme zwischen seinen Knien.

Bei allen Bewegungen, die folgen, hält man die Arme gestreckt. **U** beginnt die Bewegung, indem er seine Schultern hochzieht. **O** übernimmt diese Bewegung unmittelbar, indem er sich aus den Beinen heraus aufrichtet. *Er tut dies mit einem geraden Rücken und achtet darauf, daß sein Becken nicht nach hinten durchhängt.*

U bleibt mit seinem Gesäß am Boden, bis er seine Schultern fast an seine Knie gebracht hat.

Jetzt kommt **U** mit seinem Gesäß hoch, unterstützt von **O**.

Nun steht **U** in Position, während sich **O** völlig streckt.

Fänger: Hinter **O**.

19. Kniestand rückwärts aus dem Frosch*

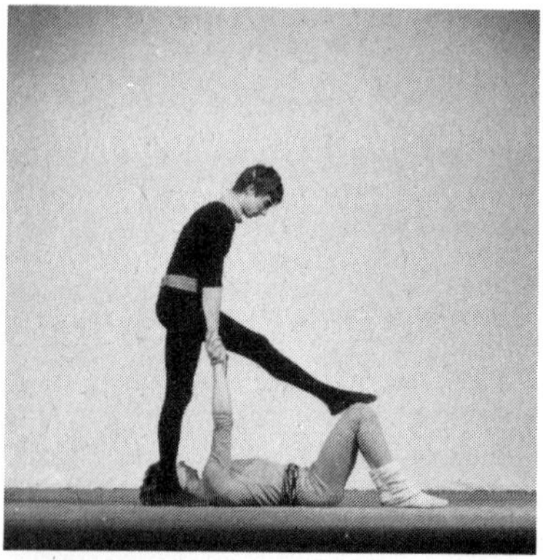

U legt sich hin, und **O** stellt seine Füße links und rechts neben den Kopf von **U**. **U** zieht seine Knie an. Nun fassen sich beide Partner gegenseitig im Finger-Handgelenk-Griff. *Bei allen folgenden Bewegungen halten beide ihre Arme gestreckt.* **O** stellt einen Fuß auf ein Knie von **U**.

O verlagert sein Gewicht auf die Arme und stellt den anderen Fuß auf das noch freie Knie von **O**. Es ist darauf zu achten, daß **U** das Gewicht von **O** noch gerade über seinen Schultern trägt.

U führt **O** von sich weg, so daß **O** selbständig in die Hocke gehen kann.

Die folgende Bewegung ist vergleichbar mit Trick 18. Man sollte versuchen, diese Bewegung so fließend wie möglich auszuführen. **U** drückt **O** ein wenig hoch, danach übernimmt **O** die Initiative und kommt schräg nach oben. ***O** achtet darauf, daß seine Schultern von Anfang an mit hochgehen* und daß er sich aus den Beinen heraus aufrichtet. **U** beugt sich mit seinem Oberkörper in Richtung Knie und kommt zum Stand.

In dem Moment, in dem **U** mit seinem Gesäß vom Boden hochkommt, bringt er seinen Oberkörper nach hinten, so daß **O** als Gegengewicht wirkt. **O** steht ganz gestreckt auf den Oberschenkeln von **U**.

Als Variation kann **O** mit beiden Beinen gleichzeitig einspringen.

Fänger: Seitlich, an den Oberarmen von **O**.

20. Beinwaage*

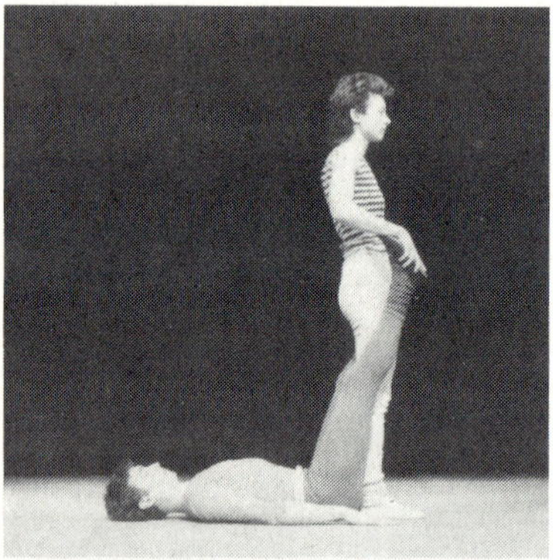

U legt sich hin, und **O** stellt sich mit seinen Fersen gegen das Gesäß von **U**. **U** streckt seine Beine und hält sie etwas schräg nach vorn. **U** klemmt die Oberschenkel von **O** ein und hält seine Füße leicht gestreckt. **O** faßt die Füße von **U**.

U bewegt seine Beine leicht zurück, so daß **O**, *der ganz gestreckt bleibt*, zwischen ihnen zum Hängen kommt. **U** klemmt **O** weiterhin mit Kraft zwischen seinen Beinen fest.

O läßt sich langsam in eine waagerechte Position drehen, indem er seine Arme streckt. ***U** hält seine Beine senkrecht und achtet darauf, daß er sein Becken nicht durchsakken läßt.*

Nach einem Zeichen (leichtes Klopfen gegen den Rücken) bewegt **U** seine Beine nach unten, während **O** sich an seinen Armen hochzieht und zum Stand kommt. Dabei streckt **U** seine Füße.

Fänger: Seitlich, am Oberkörper von **O**.

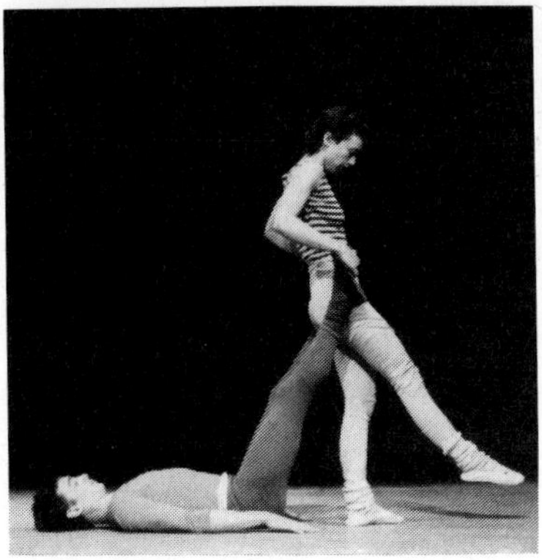

21. Handwaage aus der Beinwaage*

O liegt wie bei Trick 20 zwischen den Beinen von **U**.

U legt seine Hände auf das Gesäß von **O**, wobei die Finger zum Kopf weisen. Bei der Bewegung, die nun folgt, *hält sich **O** vollkommen gestreckt*.

U macht eine leichte Schaukelbewegung mit seinen Beinen, indem er sie erst von seinen Schultern weg und dann zu seinen Schultern hin bewegt. Dabei hält er seine Beine vollkommen gestreckt.

Während **U** seine Beine nach hinten bewegt (um den Schwerpunkt von **O** über seine Schultern zu bringen), drückt **O** sich an den Füßen von **U** hoch. **U** verlagert das Gewicht von **O** auf die Hände und sorgt dafür, daß **O** entspannt liegen kann. **O** faßt mit seinen Händen die Handgelenke von **U**. Die Arme von **U** stehen senkrecht über seinen Schultern.

Wenn **O** stabil liegt, kann **U** seine Beine auf den Boden legen. **U** kann die Haltung von **O** bestimmen, indem er seine Hände entweder beugt oder streckt.

Fänger: Seitlich, am Oberkörper von **O**.

*22. Beinwaage aus der Handwaage**

O liegt auf den Händen von **U** (siehe Trick 21).

U bringt seine Beine hoch, streckt sie und drückt sie gegen die Oberschenkel von **O**. **O** faßt die Füße von **U**, der seine Füße leicht streckt. ***O** achtet darauf, daß er seinen Oberkörper gestreckt läßt und daß er sein Becken nicht senkt.* **U** drückt seine Beine fest gegen die von **O**, so daß dieser nicht nach unten rutschen kann.

U bewegt seine Beine zurück, bis sie senkrecht über seinem Becken stehen, und nimmt seine Hände weg.

Fänger: Seitlich, am Oberkörper von **O**.

23. *Umgedrehter Schulterstand aus der Beinwaage***

O liegt zwischen den Beinen von **U** (siehe Trick 20).

U klemmt die Beine von **O** relativ hoch an den Oberschenkeln, also nicht in der Nähe der Knie, ein. **U** legt seine Hände auf die Schultern von **O**, die Daumen an der Rücken- und die Finger an der Brustseite.

Nach einem Zeichen von **U** (leichtes Kneifen) führt **O** seine gestreckten Knie in Richtung Gesicht und bringt sein Becken und seine Beine hoch. **O** stützt sich dabei auf seine Arme, ohne zu stark zu ziehen.

U «schöpft» **O** eventuell während dieser Bewegung, indem er seine Arme leicht beugt, um sie erst dann wieder zu strecken, wenn das Gewicht von **O** über seinen Armen liegt.

O kommt nun in einen umgedrehten Schulterstand. **U** und **O** halten beide ihre Arme gestreckt.

Absetzen: **O** kann seine Beine, eins nach dem anderen, an der Kopfseite von **U** zum Boden bringen.

Fänger: Seitlich, an den Oberschenkeln von **O**.

24. Hecht auf den Füßen*

O stellt sich hin mit den Zehen gegen das Gesäß von **U**, der am Boden liegt. **U** stellt seine Füße gegen die Hüfte von **O**, die Zehen auf dem Hüftknochen. Die Füße zeigen so weit wie möglich nach außen. **O** nimmt **U** bei den Fersen.

In der folgenden Bewegung *bleibt **O** so weit wie möglich gestreckt*. **U** zieht seine Knie an sich heran, so daß **O** gegen seine Füße lehnt. Dann beugt **U** seine Füße, so daß **O** zum Liegen kommt.

U streckt seine Beine senkrecht über seinem Becken. **U** bestimmt die Balance von **O**, indem er seine Füße beugt oder streckt. Wenn **O** stabil liegt, kann er die Fersen von **U** loslassen.

Gelingt dieser Trick gut, dann kann man ihn auch versuchen, ohne daß **O** die Fersen von **U** festhält.

Fänger: Seitlich, am Oberkörper und an den Beinen von **O**.

25. Vogelnest*

Man beginnt mit dem Hecht auf den Füßen, wie im vorigen Trick. **O** faßt, am besten mit beiden Händen gleichzeitig, seine Fersen fest und zieht sich langsam zum Vogelnest. **U** folgt der Bewegung exakt *mit dem Strecken seiner Füße*.

Um sich zurückzubewegen, läßt **O** seine Füße los und kommt langsam in den Hecht zurück. **U** folgt der Bewegung und korrigiert, indem er seine Füße beugt.

Fänger: Seitlich, am Oberkörper und an den Beinen von **O**.

26. Schulterstand mit Fersengriff aus dem Hecht auf den Füßen*

Man beginnt diesen Trick aus der Position wie in Trick 24. **O** hält die Fersen von **U** fest.

U streckt seine Arme, ***O** bleibt völlig gestreckt*. Dies ist notwendig, um schnell drehen zu können. **U** beugt seine Füße, wodurch **O** abkippt. **U** fängt **O** an den Schultern auf, wobei Finger und Daumen in eine Richtung zeigen.

U hält seine Beine gestreckt am selben Platz, so daß **O** sich stützen und mit geraden Armen die Balance halten kann. **O** steht senkrecht auf den Schultern von **U**.

Aus dieser Position ist es möglich, in die Position wie in Trick 31 zurückzugehen.
Eine andere Möglichkeit ist, weiter in den Schulterstand auf Knien zu gehen. **O** legt dann seine Hände, eine nach der anderen, auf die Knie von **U**.

Wenn **O** beide Hände plaziert hat, beugt **U** seine Beine und stellt die Füße an den Boden.

Durch den Wechsel der Fußstellung wird das Gewicht von **O**, *das senkrecht auf den Händen von* ***U*** *lastet*, verlagert.

Fänger: Seitlich, an der Hüfte von **O**.

27. Hecht auf den Händen aus dem Hecht auf den Füßen**

O liegt auf den Füßen von **U** (siehe Trick 24).

U beugt seine Beine und bringt den Schwerpunkt von **O** über seine Schultern. ***O** muß entspannt und gerade liegen bleiben.* **U** kann dies durch die Haltung seiner Füße bestimmen. **U** läßt **O** sacken, um mit seinen Händen die Stützposition der Füße zu übernehmen, **U** hält seine Arme gestreckt.

Er dreht seine Zehen nach außen und faßt mit seinen Fingern unmittelbar darüber die Hüfte von **O**.
O greift die Handgelenke von **U** und benutzt diese, um sein Gleichgewicht zu halten, indem er sich, soweit wie es notwendig ist, darauf stützt. **U** dreht seine Füße weiter nach außen und übernimmt von seinen Füßen den Körper von **O** auf seine Hände. **O** liegt nun allein auf den Händen von **U**.
Die Position der Höhe ist die folgende: Die Handflächen liegen auf den Hüftknochen, ein Teil der Finger nach innen, über dem Bauch von **O**, so daß **U** stärker stützen kann.

Da die Hände kleiner sind als die Füße, setzt **U** seine Hände meist zu weit nach vorn am Körper von **O** an. Dies erschwert **O** die Balance und ein entspanntes Liegen. In diesem Fall kann **O** die Handgelenke von **U** loslassen und seine Arme seitwärts ausstrecken, um so den Schwerpunkt nach vorn zu verlagern.

Fänger: Seitlich, am Oberkörper und an den Beinen von **O**.

28. Hecht zwischen den Beinen aus dem Hecht auf den Händen*

O liegt auf den Händen von **U** (siehe Trick 27).

U drückt seine gestreckten Beine kurz unterhalb der Hüfte von **O** gegen dessen Oberschenkel. ***O** bleibt völlig durchgestreckt* und faßt die Füße von **U**.

U klemmt **O** mit seinen Beinen fest *und bewegt sie in die Senkrechte über sein Becken.* **U** legt **O** zwischen seine Beine. **O** bleibt gerade gestreckt liegen und hängt mit dem Oberkörper an seinen Armen. **U** nimmt seine Hände fort.

Fänger: Seitlich, am Oberkörper und an den Beinen von **O**.

29. Schulterstand aus dem Hecht zwischen den Beinen**

O liegt im Hecht zwischen den Beinen von **U** (siehe Trick 28).

U legt seine Hände auf die Schultern von **O**, mit den Daumen und den Fingern an der gleichen Seite.

Nach einem Zeichen von **U** (Kneifen) geht **O** in den Schulterstand. Dies funktioniert folgendermaßen: ***O** zieht mit einer schnellen Bewegung sein Becken hoch über seine Schultern* und zieht die Beine an, um sich klein zu machen. **O** stützt sich mit den Händen ab. Während sich **O** eindreht, macht **U** mit seinen Armen eine Schöpfbewegung (leichtes Beugen und wieder durchstrecken), um **O** zu helfen. Die Arme von **U** kommen senkrecht nach oben. Sowohl **U** als auch **O** halten die Arme gestreckt. Steht **O** stabil, dann streckt er seine Beine.

Fänger: Seitlich, an der Hüfte von **O**.

30. Fußwaage*

U legt sich hin, und **O** stellt sich mit seinen Fersen gegen das Gesäß von **U**. **U** stellt seine Füße längs gegen das Gesäß von **O**, während **O** die Knöchel von **U** faßt.

In der folgenden Bewegung *bleibt **O** ganz gerade gestreckt* und bestimmt allenfalls sein Gleichgewicht mit den Händen. **U** zieht seine Knie zu sich heran, und beugt dann seine Füße. Dadurch kommt **O** auf den Füßen von **U** zum Liegen.

U streckt seine Beine gerade über seinem Becken. **U** bestimmt die Balance von **O**, indem er seine Füße beugt oder streckt.

Wenn **O** stabil liegt, kann er die Knöchel von **U** loslassen.

Fänger: Seitlich, am Oberkörper und an den Beinen von **O**.

31. *Fußwaage aus dem umgekehrten Schulterstand***

Man fängt mit einem umgekehrten Schulterstand an (Trick 23).

Während **O** so gerade wie möglich auf den Händen von **U** bleibt, zieht **O** die Füße von **U** zu sich heran. **U** legt seine Zehen gegen den Rücken von **O**, an der gleichen Stelle wie bei Trick 30.

U beugt seine Füße ein wenig und macht eine Schöpfbewegung. **O** verlegt seine Hände zu den Knöcheln von **U**, kippt auf die Füße von **U** und balanciert sich mit den Handgelenken aus. **U** streckt seine Beine und seine Füße wie bei Trick 30.

Fänger: Seitlich, am Oberkörper von **O**.

32. Handstand-Abgang aus der Fußwaage**

O liegt im Brett auf den Füßen von **U** (wie bei Trick 30). Nach einem Zeichen von **U** (leichtes Kneifen mit den Zehen) streckt **O** seine Arme über seinen Kopf. Um das Gleichgewicht zu halten, *muß **U** seine Füße stärker strecken*.

*Während **O** seinen Körper gestreckt läßt*, beugt **U** seine Füße. **U** hält seine Beine jedoch gerade gestreckt über seinem Becken, **O** kippt dadurch nach hinten. **U** nimmt **O** fest am Oberarm, die Finger an der Brustseite und die Daumen an der Rückenseite. **U** führt die Arme von **O** zu sich hin, so daß **O** seine Hände neben dem Kopf von **U** auf den Boden aufsetzen kann.

Wenn **O** in der Senkrechten steht, bringt er seine Beine, eines nach dem anderen, an den Boden.

Das Kippen von **O** muß mit einiger Geschwindigkeit stattfinden. Deshalb muß **O** seinen Körper gestreckt halten und seine Füße schnell beugen.

Fänger: Seitlich, an den Schultern von **O**.

*33. Fußwaage aus dem Handstand***

Der vorige Trick kann auch in umgekehrter Richtung ausgeführt werden. Dabei geht **O** mit den Händen neben dem Kopf von **U** in den Handstand. **U** unterstützt **O**, indem er ihn bei den Oberarmen faßt, im gleichen Griff, wie zuvor beschrieben. **U** setzt seine Füße gegen das Gesäß von **O**. ***O** bleibt gestreckt* und lehnt sich ein wenig gegen die Beine von **U**. **U** läßt **O** weiter kippen, indem er seine Beine beugt. Sobald **O** fast liegt, streckt **U** seine Füße, so daß **O** im Brett auf den Füßen von **U** zu liegen kommt. **U** führt **O** auch mit seinen Armen. Wenn **O** auf den Füßen von **U** liegt, streckt **U** seine Beine und nimmt seine Arme fort. **O** faßt die Knöchel von **U** oder legt seine Hände auf seine Oberschenkel.

Fänger: Seitlich, am Oberkörper von **O**.

Körperbewußtsein…

34. Abdrehen aus der Fußwaage*

Statt die Arme über den Kopf zu strecken, wie bei Trick 32, streckt **O** sie nun seitwärts von sich.

U legt seine Hände auf die Schultern von **O**, mit den Daumen an der Rükkenseite und den Fingern an der Brustseite.

Während **O** seinen Körper gestreckt läßt, beugt **U** seine Füße. **U** hält dabei seine Beine gerade gestreckt über seinem Becken. **O** kippt hierdurch nach hinten. ***U** hält seine Arme gestreckt über seinen Schultern.* Wenn **O** sich in der Senkrechten befindet, bringt er seine Beine, eines nach dem anderen, an den Boden.

Fänger: Seitlich, an den Oberarmen von **O**.

*35. Handwaage aus der Fußwaage***

Man beginnt den Trick in der Position aus Trick 30.

U streckt seine Arme hoch und läßt **O** dadurch langsam in Richtung seiner Hände durchsacken, so daß er seine Knie beugt. *Währenddessen bleibt* ***O*** *vollkommen gestreckt liegen.* **U** legt seine Hände auf das Gesäß von **O**, wie bei Trick 21. **O** faßt die Handgelenke von **U** kräftig, so daß er stabiler liegt und so seine eigene Balance bestimmen kann.

U setzt zuerst seine Finger auf und schiebt dann seine Füße ein wenig zur Seite, damit er seine Hände voll aufsetzen kann.

Wenn **O** gut liegt, nimmt **U** seine Füße fort und legt sie auf den Boden. **O** läßt die Handgelenke von **U** los.

Fänger: Seitlich, am Oberkörper und an den Beinen von **O**.

36. Fußwaage quer **

O liegt auf den Händen von **U**, siehe Trick 21.

U hält die Handgelenke von **O** fest oder legt seine Hände auf seine Oberschenkel.

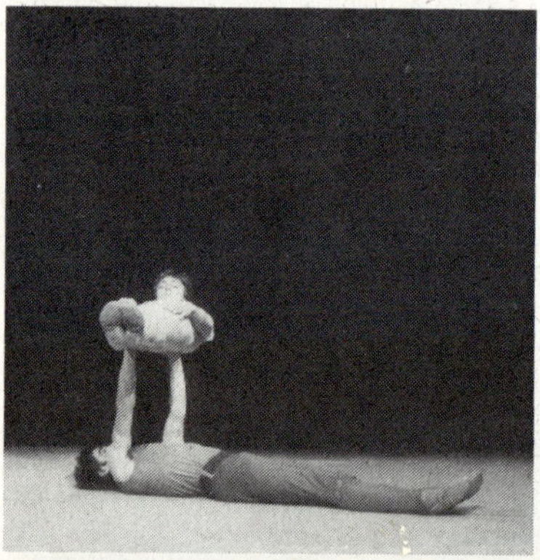

U dreht **O** jetzt so weit wie möglich (am besten 90 Grad) und sorgt dafür, *daß der Schwerpunkt von **O** direkt über seinen Schultern ist* und **O** entspannt liegt. ***O** bleibt flach liegen* (Foto links).

U setzt einen Fuß unter beide Oberschenkel von **O**, direkt oberhalb der Kniekehlen. Der andere Fuß kommt quer auf die Schulterblätter.

***O** drückt sein Becken hoch,* und **U** streckt seine Beine durch.

Absetzen: **U** dreht **O** mit den Füßen wieder zurück und sorgt dafür, daß der Schwerpunkt von **O** direkt über seinem Becken bleibt.

U beugt beide Beine ein wenig und setzt dann die Füße von **O** dicht neben seinem Gesäß auf den Boden. **O** bleibt gestreckt. **U** stellt **O** dadurch aufrecht, daß er die Schultern von **O** von sich wegdrückt.

Fänger: Seitlich, am Oberkörper von **O**.

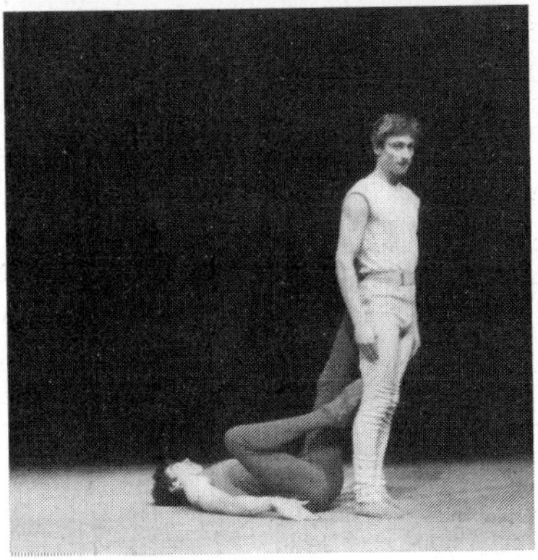

37. Fußsitz*

U legt sich hin, und **O** stellt sich mit den Fersen gegen das Gesäß von **U**. **U** stellt die Füße, *ohne zu drücken*, etwas quer gegen die Oberschenkel von **O**, die Zehen zeigen nach außen.

Jetzt springt **O** hoch, *etwas schräg nach hinten*, wobei **U** dafür sorgt, daß seine Füße mit den Beinen von **O** in Berührung bleiben.
Während dieser Bewegung zieht **U** seine Füße in den Fußgelenken an (beugen), so daß **U** sich daraufsetzen kann. **U** streckt seine Beine während des Sprunges von **O**, dieser klemmt seine Füße so schnell wie möglich hinter die Beine von **U**.

U hält seine Beine gerade über seinem Becken und hält die Füße so gestreckt, daß **O** entspannt und gerade sitzen kann.

Nach einem Zeichen von **U** (leichtes Kneifen mit den Zehen) löst **O** seine Beine. **U** läßt **O** langsam sacken und hält dabei die Zehen gestreckt, um zu verhindern, daß **O** nach hinten fällt.

Fänger: Seitlich, und an den Oberarmen von **O**.

38. *Handwaage aus dem Fußsitz**

Man beginnt den Trick mit einem Fußsitz (siehe Trick 37, letztes Foto).

Nach einem Zeichen von **U** (leichtes Kneifen mit den Zehen) hält **O** die Füße von **U** mit den Händen fest und löst seine Beine.

U läßt **O** senkrecht herunter und streckt seine Arme zwischen seinen Knien hindurch, zum Gesäß von **O**. **U** legt seine Hände auf das Gesäß von **O**, die Finger zeigen zum Kopf von **O**. **U** läßt seine Arme von Anfang an gestreckt. Sobald **O** die Hände von **U** fühlt, nimmt er dessen Handgelenke und legt sich entspannt zurück.

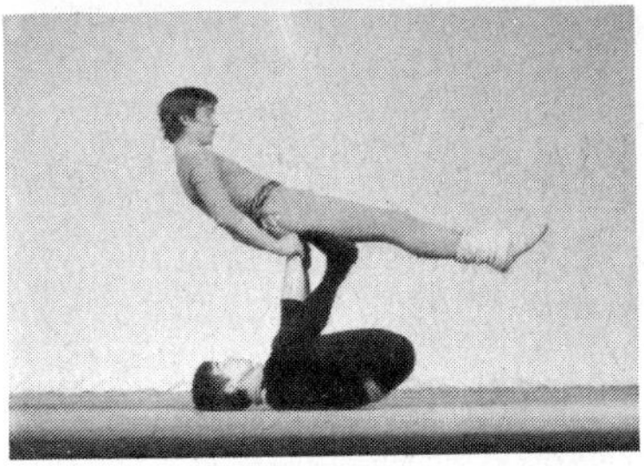

U verlagert das Gewicht von **O** von seinen Füßen auf seine Hände, läßt seine Beine aber solange zur Unterstützung an den Oberschenkeln, bis dieser richtig liegt. **U** bringt seine Arme gerade über seine Schultern.

Wenn **O** stabil liegt, kann **U** seine Beine ausstrecken, und **O** kann seine Hände auf seine Oberschenkel legen.

Fänger: Seitlich, am Oberkörper und an den Beinen von **O**.

39. Umgekehrter Fußsitz**

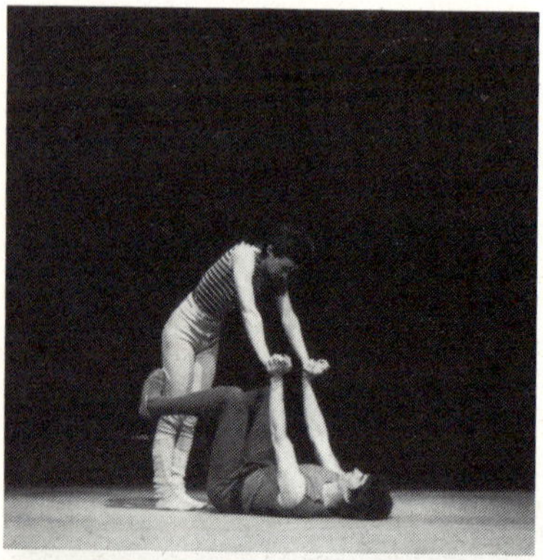

U legt sich hin. **O** stellt sich, das Gesicht **U** zugewandt, hin. **U** hat seine Beine angezogen und hält seine Arme hochgestreckt. Man nimmt sich nun in den Hand-Hand-Griff.

O springt, *sich auf die Arme stützend*, hoch, schwingt seine Beine zwischen denen von **U** durch und kommt auf den Füßen von **U** zum Sitzen.

Sobald **O** sein Gewicht über den Beinen von **U** hat, lassen beide ihre Hände los. **U** streckt jetzt seine Beine. **O** kann seine Füße zur Unterstützung gegen die Unterschenkel von **U** legen.

Absetzen: **U** führt seine Beine in Richtung seines Kopfes, so daß **O** heruntersteigen kann. Man könnte diesen Trick mit dem Handstand auf den Händen fortsetzen.

Fänger: Seitlich und an den Oberarmen von **O**.

40. Doppeldreh*

O steht vor **U**, die Arme hochgestreckt. **U** geht etwas in die Knie, legt seinen rechten Arm über die Brust und seinen linken hinter die Oberschenkel von **O**, mit der Hand an der Außenseite. Beide Hände von **U** liegen an der gleichen Seite von **O**.

U hebt **O** aus den Beinen heraus (mit geradem Rücken). Hierbei *hält **U** seinen rechten Arm hoch* und fängt mit dem linken Arm an zu heben. Er dreht **O**, *der ganz gestreckt bleibt*, eine Viertel-Umdrehung.

U dreht **O** eine Viertel-Umdrehung weiter und stellt ihn in den Handstand.

U faßt **O** nun fest und sicher in der gleichen Haltung wie in der Ausgangsposition. Seinen rechten Arm legt **U** über die Oberschenkel und seinen linken hinter die Schulterblätter von **O**, mit der Hand an der Achselhöhle.

U dreht **O** in der gleichen Weise wie zuvor eine halbe Umdrehung weiter und stellt ihn auf den Boden.

*41. Armsitz**

O läuft von der linken Seite auf **U** zu.

U legt seinen linken Arm unter die Schulterblätter und seinen rechten hinter die Beine von **O**. Dabei legt **O** seine Arme um den Nacken von **U**.

***O** hält seinen Oberkörper aufrecht* und schwingt seine Beine – ohne zu springen – eines nach dem anderen nach vorn.

U folgt dieser Bewegung und hebt **O** in den Armsitz. **U** achtet darauf, daß er **O** aus seinen Beinen heraus hebt und hoch und frei trägt.

42. Abgang rückwärts aus dem Armsitz*

U wirft **O** leicht hoch, wobei er seine Ellbogen nach außen dreht, so daß er **O** stärker stützen kann. Während dieser Bewegung streckt **O** seine Arme über dem Kopf nach hinten. Um zu verhindern, daß **O** wegrollt, hält **U** seine Hände höher als seine Ellbogen.

U setzt **O** nach links mit den Händen auf den Boden. Wenn die Hände von **O** den Boden berühren, drückt **U** ihn in den Handstand.
O stellt seine Beine eines nach dem anderen auf den Boden.

43. Insel*

O macht einen Handstand, wonach **U** sich, den Rücken gegen den Bauch von **O** gewandt, hinstellt. **O** spreizt seine Beine, und **U** faßt die Knöchel von **O** von innen.

Bei der folgenden Bewegung dreht sich **O** über seine Hüfte. **U** fängt die Bewegung an, indem er die Knöchel von **O** nach vorn drückt. Während der ganzen Drehbewegung *versucht U, seine Hände nach hinten wegzudrücken.* **O** läßt seinen Oberkörper hochdrücken. **U** beugt sich so weit nach vorn, daß sein Rücken fast waagerecht steht. *Die Schultern bleiben höher als der Rücken.* **O** richtet sich in der Bewegung auf und kommt zum Sitz auf dem Rücken von **U**.

U drückt **O** höher auf seinen Rücken und läßt die Beine los.

Absetzen: **U** geht ein wenig in die Knie und richtet sich mit einer kurzen Schwungbewegung wieder auf. **U** kommt mit seinem Oberkörper hoch, drückt sein Becken nach vorn und kommt zum Stand.

Fänger: Seitlich am Oberkörper von **O**.

44. Nicker*

U steht hinter **O**, seine Hände auf dessen Hüfte. **O** ergreift die Handgelenke von **U**.

Nach einem Zeichen von **U** (leichtes Kneifen) springt **O** so hoch wie möglich auf die Brust von **U** und hält sich so aufrecht wie möglich.
O klemmt seine Beine um den Körper von **U**.

Um dies zu erleichtern, kann **O** seine Beine hinter dem Rücken von **U** kreuzen. ***U** verlegt seine Hände zum Bauch von **O**, so daß er in der weiteren Bewegung gut stützen kann.*
O streckt die Arme hoch.

U läßt **O** jetzt nach vorn fallen, nicht allzu schnell. **U** bestimmt die Geschwindigkeit mit seinen Armen und dadurch, daß er sich mehr oder weniger nach hinten lehnt.

O klemmt sich weiterhin gut fest am Körper von **U**, dies ist der Drehpunkt. **O** biegt sich weit durch und kommt mit seinen Händen an den Boden. *Hierdurch kann er die Geschwindigkeit bremsen.*

O federt unter Zuhilfenahme seiner Arme wieder hoch. **U** hebt **O** am Bauch zurück in die Ausgangsposition. **O** macht dies **U** leichter, indem er ein Hohlkreuz macht.

Während dieser Bewegung geht **U** etwas in die Knie und beugt sich ein wenig nach hinten, um das Gewicht von **O** auszugleichen. Zurück in der Ausgangsposition, legt **U** seine Hände wieder auf die Hüfte von **O**, der die Handgelenke von **U** faßt. **U** setzt **O** auf den Boden.

Diese Bewegung kann man mehrmals hintereinander ausführen.

45. *Rock 'n' Roll***

O sitzt auf den Armen von **U**, seine Arme um dessen Nacken geschlungen.

U bleibt gerade stehen und beginnt damit, seinen Oberkörper zur Seite zu drehen, wodurch die gestreckten Beine von **O** hinter ihn zeigen.
U stützt **O** dabei gut im Rücken.

U schwingt seinen Oberkörper zurück und läßt die Beine von **O** los.
O schwingt seine Beine um den Rükken von **U**, der seinen Arm um die Hüfte von **O** hält.

U dreht sich vornehmlich mit der Hüfte und läßt seine Beine so hoch wie möglich auf den Rücken von **U** schwingen. Mit seinem noch freien Arm faßt **U** die Beine von **O**, indem er den Arm von hinten um die Beine von **O** schwingt.

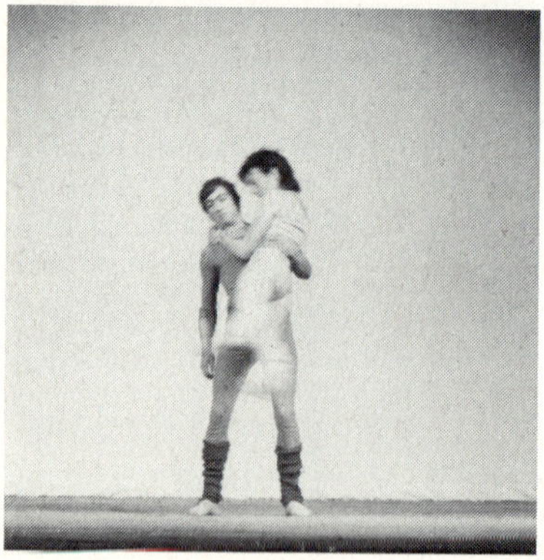

Aus dieser Position kann man wieder zurückschwingen. Man kann den Trick jedoch auch folgendermaßen beenden: **O** hat seine Arme noch um den Nacken von **U**. *Sehr wichtig hierbei ist, daß **O** seine Beine leicht beugt* (Foto oben).

U dreht seinen Oberkörper nach rechts (im Uhrzeigersinn), um den folgenden Schwung vorzubereiten.

U dreht sich nach links zurück und läßt den Oberkörper von **O** los. **O** läßt seine Arme los und schwingt sich hinter **U**. **O** hält seine Beine gebeugt und breitet die Arme aus. ***U** hält **O** mit seinem rechten Arm dicht und hoch am Körper.*

Sobald **O** wieder vor **U** zurückkommt, schwingt er sich hoch zum Armsitz. **U** fängt mit seinem linken Arm den Oberkörper von **O** auf und hält ihn.

46. Überzug*

O steht im Handstand. **U** stellt sich mit seinem Rücken an das Gesäß von **O**. **U** hält mit seinen Händen die Knöchel von **O** fest, stellt einen Fuß ein wenig nach vorn und *bringt sein Gesäß unter das von* ***O***.

U beugt sich nach vorn, und **O** läßt sich mitziehen.

U beugt sich so weit durch, bis **O** am Boden steht. **U** soll dabei leicht in die Knie gehen. **U** achtet darauf, daß er die Knöchel von **O** losläßt.

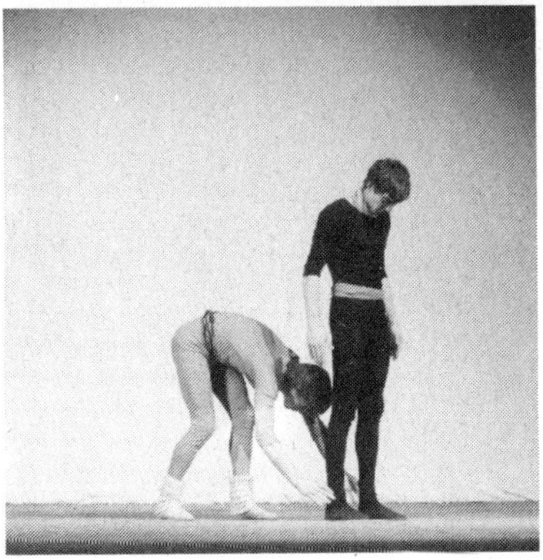

Fänger: Seitlich, am Oberkörper von **O**.

47. Rückensalto*

Man steht Rücken gegen Rücken und faßt sich gegenseitig im Finger-Finger-Griff. **U** bringt sein Gesäß unter das von **O**. Die Arme sollen angespannt gehalten werden, so daß man Kraft hat, um die Drehbewegung zu beeinflussen.

U beugt sich vor, so daß **O** über ihn rollen kann. **O** macht ebenfalls einen runden Rücken und zieht seine Beine an.
U sorgt dafür, daß sein Kopf und seine Schultern nach oben zeigen. Dies verhindert, daß **O** am höchsten Punkt der Drehung vom Rücken von **U** gleitet. Beide müssen darauf achten, *daß sie während der Drehung ihre Köpfe leicht schräg zur Seite halten,* so daß sie aneinander vorbeikommen.

O streckt seine Beine wieder und kommt mit seinen Füßen auf den Boden.

Fänger: Seitlich, an den Oberarmen von **O**.

48. Nackensalto**

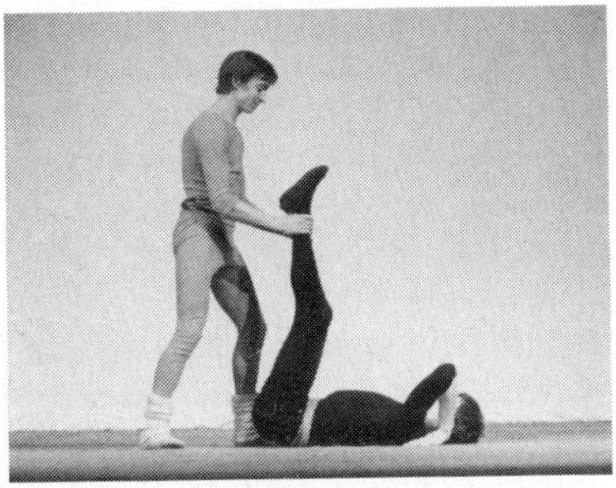

O legt sich hin und streckt seine Beine hoch.
U ergreift die Knöchel von **O**. **O** läßt seine Beine entspannt und setzt seine Hände, so nah wie möglich an seinem Kopf, mit den Handflächen an den Boden.

U bewegt die Beine von **O** etwas nach unten, um die Bewegung anzudeuten, und zieht sie danach hoch.

In dieser Bewegung *schnellt* ***O*** *sein Becken und seine Beine so hoch wie möglich.* **U** bringt die Beine von **O** so hoch wie möglich und wirft sie dann weit von sich weg.

U *drückt sich kräftig mit seinen Händen hoch*, um seinen Oberkörper in die Höhe zu bringen. Am höchsten Punkt dreht **O** sich mit den Füßen nach unten und mit dem Oberkörper nach oben.

Fänger: Hinter **O** beim Aufsetzen.

*49. Kindersalto***

U steht **O** mit gespreizten Beinen gegenüber. **O** beugt sich vornüber und bringt seinen Kopf zwischen die Beine von **U**. Wichtig ist, daß **O** seine Schultern hochhält und seinen Kopf so hoch wie möglich zwischen die Beine von **U** setzt. **O** hält seinen Kopf nach hinten. **O** streckt die Arme zwischen seinen Beinen nach hinten, die Handflächen gegeneinander gerichtet. **U** beugt sich nach vorn und faßt **O** bei den Handgelenken.

U hebt **O** etwas hoch, *indem er seine Beine beugt* und **O** an den Handgelenken hochzieht. **U** hält seine Arme gestreckt. Beugt **U** seine Beine nicht, so bekommen die Schultern von **O** nicht genügend Unterstützung, und **O** fällt auf den Boden.

Jetzt folgt eine kleine Tempo-Bewegung. **U** beugt sich leicht nach vorn, so daß die gestreckten Beine von **O** fast an den Boden kommen. Ohne die Bewegung zu unterbrechen, kommt **U** wieder hoch und zieht die Handgelenke von **O** zu sich heran. *Gleichzeitig drückt* **U** *sein Becken nach vorn,* um so den Schultern von **O** noch einen Schubs zu geben. Auch **O** zieht, im Drehen, die Arme zur Brust. **O** hält seine Beine gestreckt.

O kommt mit beiden Füßen vor **U** auf den Boden. **U** unterstützt **O** hierbei.

Diesen Trick kann man die ersten Male auch langsam üben, wenn **U** weit in der Hocke bleibt.

50. Fisch**

U steht dicht hinter **O** und faßt ihn an der Hüfte. **O** ergreift die Handgelenke von **U**.

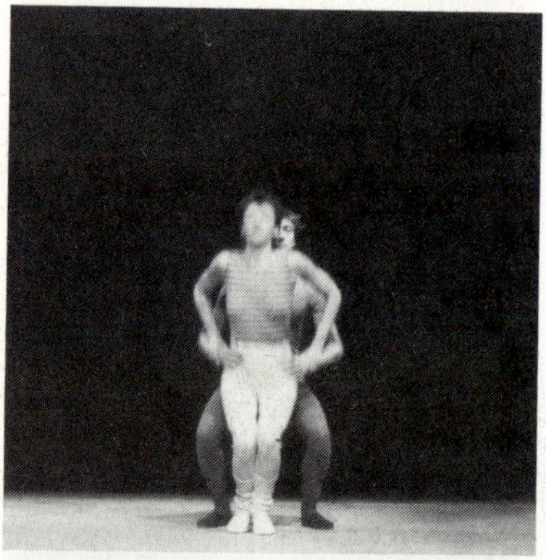

Auf ein Zeichen von **U** (Kneifen), springt **O** hoch bis zum Sitz auf der rechten Schulter von **U**. **U** lenkt **O** während des Sprunges.

O klemmt sein rechtes Bein hinter den Rücken von **U**.

U legt seine rechte Hand oberhalb des Knies auf die Innenseite des Oberschenkels von **O**. Seine linke Hand bringt **U** zur linken Seite des Oberkörpers von **O**.

O gleitet vor **U** mit dem Oberkörper nach links unten und *legt seinen rechten Arm um den Nacken von* ***U***. Dabei streckt **O** sein rechtes Bein und beugt sein linkes Bein. **U** hebt **O** an der Hüfte und am rechten Bein. **O** hängt an seinem gestreckten rechten Arm und kann sich eventuell auf das Knie von **U** stützen. **U** hat sein rechtes Bein gestreckt und stützt vor allem mit seinem gebeugten linken Bein.

U bringt **O** mit einem Schwung rechts vor sich zum Stand.

51. Raupe*

Man sitzt zu zweit oder zu dritt nah hintereinander mit angezogenen Knien, die Arme seitwärts ausgestreckt.

Nach einem Zeichen der vorderen Person beugt man sich exakt gleichzeitig erst nach rechts, dann nach links und dann wieder nach rechts.

Bei der letzten Bewegung dreht man sich seitwärts auf die Hände, *wirft die Beine hoch* auf den Rücken des anderen und zieht sie an.
Die vordere Person (nach dieser Umdrehung nun die hintere Person) steht auf ihren Beinen.

Wenn man sich genau im Takt bewegt (eine Person gibt diesen an), kann man laufen (Foto unten). Um sich zurückzubewegen, müssen alle zunächst still stehen. Dann drehen sich alle gleichzeitig zurück in die Ausgangsposition.
Gelingt die Raupe mit drei Leuten, so kann man sie mit mehreren probieren.

Fortgeschrittene Tricks für zwei Partner

52. *Handstand (mit Hilfestellung)***

O legt seine Hände in Schulterbreite auf den Boden, die Finger gespreizt nach vorn zeigend.

O drückt sich mit beiden Beinen gleichzeitig ab und kommt zunächst mit angezogenen Beinen und dann mit gestreckten Beinen in den Handstand. **U** faßt **O** an der Hüfte und verhindert so ein Fallen von **O**.
O bringt, falls nötig durch **U** unterstützt, erst seine Schultern gerade über seine Hände, danach das Bekken und dann seine Beine.

Steht **O** gut, so setzt **U** seine Hände an die Schultern von **U**, so daß **O** beginnt, seine Haltung selbst zu korrigieren.

Steht **O** gerade, so läßt **U** ihn los. **U** kann Anweisungen geben, wie **O** stehen muß. Vor allem anfangs fühlt **O** dies meistens nicht selbst.

53. Handstand auf den Knöcheln (mit Hilfestellung)**

Die richtige Methode zum Üben ist ein Handstand auf den Knöcheln mit Unterstützung der Schultern.
U sitzt am Boden. **O** faßt die Beine von **U** direkt über den Knöcheln und legt sie in Schulterbreite. **U** faßt **O** an den Oberarmen, nahe der Achselhöhle, mit den Daumen an der Brustseite und den Fingern an der Rückenseite. **O** bringt seine Schultern gerade über seine Hände und geht so weit wie möglich mit den Füßen auf seine Hände zu.

Nach einem Zeichen von **U** (leichtes Kneifen) springt **O** mit beiden Beinen gleichzeitig in den Handstand. **O** läßt seine Beine angezogen und lehnt sich nicht zu sehr gegen **U**. Wenn **O** beim Einspringen Schwierigkeiten hat, kann **U** ihm durch eine Schöpfbewegung helfen: **U** läßt **O** nah an sich herankommen und läßt ihn etwas sacken.

O hält seine Arme gestreckt und hebt zuerst sein Becken über seine Schultern, danach seine Füße. **U** kann **O** Hinweise geben, wie er sich korrigieren soll. Steht **O** nicht richtig über seinen Händen, so führt **U** die Schultern von **O** über seine Hände, ohne **O** herunterzudrücken.

O streckt die Beine. Er achtet darauf, daß er in einer Linie über seinen Händen steht, und macht sich gerade. Er korrigiert nur noch mit den Händen.

Steht **O** gut, dann läßt **U** ihn los.

54. Geschlossene Fahne*

Die Partner halten sich fest in einem Ellbogen-Griff. Mit den Füßen leicht gespreizt und die Knie gegeneinander gedrückt, beugt **U** seine Beine. ***O** stellt einen Fuß quer auf die Beine von **U***, in der Nähe seiner Knie.

U gibt das Zeichen für den Aufstieg, indem er die Arme von **O** leicht spreizt. Wenn **U** die Arme zurückbewegt, steigt **O** auf. **U** unterstützt **O**, indem er ihn leicht hochdrückt.

Währenddessen gleiten beide in den Handgelenk-Handgelenk-Griff.

O stellt das freie Bein mit dem Fuß quer hinter den Nacken von **U**.

Den Arm dieser Seite legt **U** um das Bein von **O**, um ihn in der Balance halten zu können.

Nun läßt man auch die andere Hand los, so daß **O** nun frei hängen kann. **O** läßt sich jetzt in einer «Fahne» hängen, mit anderen Worten: *Arme, Schultern, Becken und Beine liegen in einer Linie.*

Wenn der Trick sicher steht, kann **U** das Bein von **O** loslassen. **U** muß diesen Arm stark in die Höhe strekken, um zu verhindern, daß der Fuß von **O** sich vom Nacken löst.

Absetzen: **O** kommt leicht zurück, beide fassen jeweils die rechte Hand des anderen. Sowohl **U** als **O** halten die Arme gespannt, und **O** steht fast gerade. **O** zieht sein Bein hinter dem Nacken von **U** heraus. Unterstützt von **U**, steigt **O** ruhig ab.

55. Offene Fahne**

Die Partner halten sich im Ellbogen-Griff. **U** beugt seine leicht gespreizten Beine. **O** setzt einen Fuß, etwas quer, auf den diagonal gegenüberliegenden Oberschenkel von **U**; die Zehen nach innen.

U gibt das Zeichen zum Aufsteigen, indem er die Arme von **O** etwas spreizt. Beim Zurückbewegen der Arme steigt **O** auf, unterstützt von **U**, der ihn hochdrückt.

Jetzt gleiten beide in den Handgelenk-Handgelenk-Griff.

O setzt das freie Bein auf die Schulter von **U**, der Fuß wird hinter dessen Nacken geklemmt.

U läßt den an dieser Seite liegenden Arm los und legt ihn um das Bein von **O**. Hierdurch erhält man eine bessere Balance.

Jetzt kann **U** auch den anderen Arm loslassen, so daß **O** hängt. **O** sorgt dafür, daß sowohl *die Arme, die Schultern, das Becken und die Beine in einer Linie stehen*.

Steht dieser Trick sicher, so kann **U** den um das Bein gelegten Arm loslassen. Diesen Arm streckt **U** jetzt hoch, so daß der Fuß zwischen Kopf und Schulter eingeklemmt wird.

Fänger: Am Oberkörper von **O**.

56. Stand auf den Händen aus dem Aufstieg**

U legt sich rückwärts hin. **U** streckt die Beine gerade über sein Becken, und **O** faßt mit seinen Händen die Füße von **U**. **O** stellt seinen rechten Fuß in die rechte Hand von **U** (siehe Seite 19).
Dabei hält **U** seine Arme gestreckt und unterstützt mit seiner linken Hand die rechte.

Um den Aufstieg für **O** zu erleichtern, kann **U** seine Arme leicht beugen. Gestützt auf seine Arme, steigt **O** auf seinen rechten Fuß. ***O*** *darf die Beine von* ***U*** *nicht von sich wegdrükken.* Während des Aufstiegs streckt **U** seine Arme.

U nimmt mit seiner linken Hand den rechten Fuß von **O**.

O bringt sein Gewicht über seine Füße, indem er seine Beine leicht beugt, und läßt die Füße von **U** los.

Dann stellt **O** sich gerade hin. **U** hält seine Hände so, daß die Füße von **O** etwas gestreckt sind, und versucht, sie so stabil wie möglich zu halten. Dabei hält **U** seine Arme gerade über den Schultern. ***O** steht gestreckt und versucht, seinen Körper so gerade wie möglich zu halten.*
O versucht, seine Füße nicht zu sehr zu strecken.

Fänger: Seitlich, ein Arm vor und einer hinter **O**. Große Aufmerksamkeit ist angebracht.

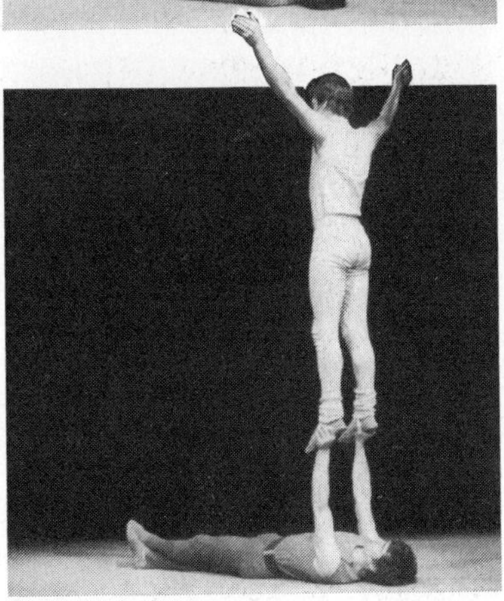

57. Stand auf den Händen aus dem freien Aufstieg**

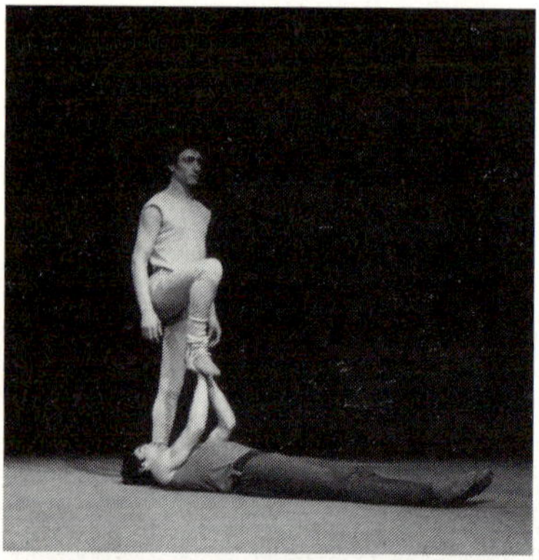

U legt sich hin und streckt seine Arme hoch. **O** stellt seinen rechten Fuß in die rechte Hand von **U**. Dieser unterstützt diese Hand mit der linken (siehe Seite 19). Wenn der Aufstieg für **O** zu hoch ist, kann **U** seine Arme leicht beugen.

Nach einem Zeichen von **U** (leichtes Kneifen) stößt **O** sich mit seinem linken Bein ab und streckt sich über seinem rechten Bein.

U streckt seinen Arm während des Aufstiegs von **O**. Am Ende der Aufwärtsbewegung nimmt **U** mit seiner linken Hand den linken Fuß von **O** und bringt beide Arme gerade über seine Schultern.

***O** steht ganz gerade und hält sich gestreckt*, seine Füße leicht gestreckt.

Absetzen: Auf ein Zeichen von **U** verlagert **O** sein Gewicht nach rechts, und **U** beugt seinen rechten Arm langsam. **O** bringt dann ruhig sein linkes Bein an den Boden. Sobald **O** sein Gewicht nach rechts verlagert, unterstützt **U** den rechten Fuß von **O** auch mit der linken Hand.

Fänger: Seitlich, ein Arm vor und einer hinter **O**. Große Aufmerksamkeit ist angebracht.

58. *Stand auf den Händen mit Tempo***

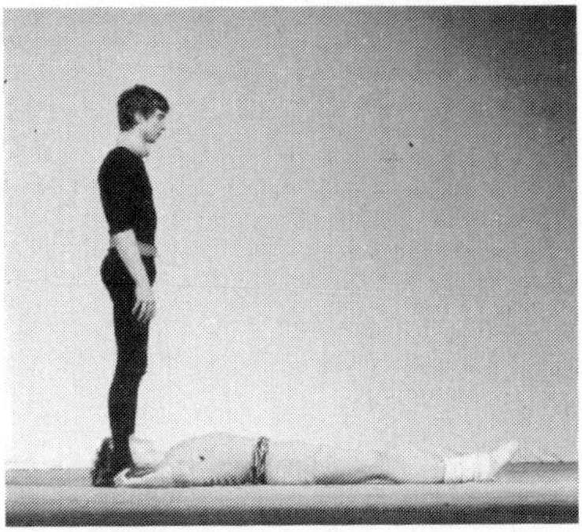

U legt sich hin und setzt seine Hände mit den Handflächen nach oben neben seinen Kopf. **O** stellt seine Füße auf die Hände von **U**, die Fersen auf dem Boden und die Zehen über den Handgelenken von **U**. **O** bringt sein Gewicht auf seine Fersen.

Nach einem Zeichen von **U** (leichtes Kneifen) springt **O** hoch und etwas nach vorn.

O streckt sich dabei so schnell wie möglich und hält sich gerade. **O** streckt seine Füße leicht und läßt sie so. **U** darf mit seinen Händen nicht den Kontakt zu den Füßen von **O** verlieren. Er verlängert den Sprung, indem er seine Arme streckt und diese gerade über seine Schultern bringt.

U läßt seine Hände – und damit auch die Füße von **O** – in der gleichen Position (siehe Seite 19).

Fänger: Seitlich, ein Arm vor und einer hinter **O.** Große Aufmerksamkeit ist angebracht.

59. *Stand auf den Händen aus dem Fußsitz***

Man beginnt mit dem Fußsitz (siehe Trick 37).

Nach einem Zeichen von **U** (leichtes Klopfen gegen die Füße) löst **O** seine Füße und führt sie nach hinten, so daß **U** sie ergreifen kann.
U bewegt seine Beine zu sich hin, so daß der Schwerpunkt von **O** genau über seine Schultern kommt. **U** hält seine Arme leicht gebeugt und seine Hände leicht gestreckt.

Nach einem Kniff von **U** richtet **O** sich auf seinen Füßen auf, während **U** seine Arme streckt.

Fänger: Seitlich, ein Arm vor und einer hinter **O**. Große Aufmerksamkeit ist angebracht.

60. *Stand auf den Händen aus dem umgekehrten Fußsitz***

Man beginnt mit dem umgekehrten Fußsitz (siehe Trick 39).

O hält seine Füße gekreuzt. **U** faßt die Füße von **O** so wie beim einfachen Stand auf den Händen (siehe Seite 19). **U** bewegt seine Beine so weit zu sich hin, *daß der Schwerpunkt von **O** genau über seinen Schultern liegt*. **U** hält seine Arme leicht gebeugt. **O** hat seine Beine und **U** seine Arme leicht gedreht.

Auf ein Zeichen von **U** bringt **O** sein Gewicht auf die Arme von **U** und *richtet sich in einer schnellen Bewegung auf*. Diese Bewegung muß fließend sein, ***O** darf **U** nicht ‹wegtreten›*. Sowohl **U** als auch **O** müssen dafür sorgen, daß die Beine von **O** eng zusammenbleiben. **U** streckt seine Arme während der Drehung.

Fänger: Seitlich, ein Arm vor und einer hinter **O**. Große Aufmerksamkeit ist angebracht.

61. *Stand auf einer Hand***

U legt sich rückwärts hin, und **O** stellt seinen rechten Fuß in die rechte Hand von **U** wie beim einfachen Stand auf den Händen (siehe Seite 19). **U** unterstützt diese Hand mit seiner linken und hält eventuell seine Arme leicht gebeugt, um das Aufsteigen für **O** zu erleichtern.

Nach einem Zeichen von **U** (leichtes Kneifen) steigt **O** auf und *streckt sich über seinem rechten Bein in die Höhe*. **U** streckt während des Aufstiegs seine Arme.
***U** drückt die Knöchel von **O** mit den Fingern seiner linken Hand ein wenig nach außen*. **O** spreizt seine Beine, um besser zu stehen.

Aus dem Stand in einer Hand kann man zum Stand auf Füßen durchsteigen (Trick 63).

Fänger: Seitlich, ein Arm vor und einer hinter **O**. Große Aufmerksamkeit ist angebracht.

62. Fußstand aus dem Aufstieg**

U legt sich rückwärts hin. Er bringt seine Beine gerade hoch, und **O** faßt dessen Fersen. **O** stellt seinen rechten Fuß in die rechte Hand von **U** (siehe Seite 19). Dabei unterstützt **U** seine rechte Hand mit seiner linken und hält seine Arme eventuell leicht gebeugt, um das Aufsteigen für **O** zu erleichtern.

O steigt auf die Hände von **U**, *ohne dessen Arme und Beine auseinanderzudrücken*. **U** achtet darauf, daß er seine Beine gerade über seinem Becken hält. **O** stellt seinen linken Fuß mit der ganzen Fläche auf den linken Fuß von **U**, während er sich weiter gut auf beide Beine von **U** stützt.

Gestützt auf seine beiden Hände, bringt **O** sein ganzes Gewicht auf die Füße von **U** und zieht seinen anderen Fuß nach.

Sobald **O** beide Füße aufgesetzt hat, läßt er mit seinen Händen die Füße von **U** los und richtet sich auf. **U** hält seine Füße leicht gestreckt, und **O** trägt sein Gewicht fast nur mit den Fersen.

Fänger: Seitlich, anfangs an den Oberarmen von **O**; sobald **O** steht, an dessen Beinen. Große Aufmerksamkeit ist angebracht.

63. Fußstand aus dem Stand auf einer Hand***

Man beginnt mit dem Stand auf einer Hand (siehe Trick 61).

Jetzt streckt **U** seine Beine gerade über sein Becken. Nach einem leichten Kniff von **U** stellt **O** seinen linken Fuß auf den linken Fuß von **U**, wie beim einfachen Fußstand (Trick 62). ***O** hält sein Gewicht noch über seinem rechten Bein.*

Wieder nach einem Zeichen von **U** (leichtes Kneifen) verlagert **O** sein Gewicht auf sein linkes Bein. **O** stellt sich in einer gleichmäßigen, schnellen Bewegung hin und setzt seinen rechten Fuß auf den rechten Fuß von **U**. *Wichtig ist, daß **O** sein Gewicht so schnell wie möglich auf beide Beine verteilt und daß er die Beine von **U** nicht beiseite tritt.*

Fänger: Seitlich, an dem Bein von **O**, das er als erstes auf den Fuß von **U** gestellt hat. Große Aufmerksamkeit ist angebracht.

64. Knie-Handstand aus dem Einspringen seitwärts**

O steht links an der Seite von **U** mit den Händen auf dessen Knien.
U steht in der Sitzposition und unterstützt das gestreckte rechte Bein von **O**. **U** stützt **O** mit seiner anderen Hand am Oberarm nahe der Schulter.
Um den Moment des Sprunges anzuzeigen, bewegt **U** das Bein von **O** hoch, herunter und wieder hoch.

Mit der letzten Bewegung springt **O** in den Handstand auf den Knien. **U** unterstützt **O**, indem er **O** an seinem gestreckten Bein lenkt. *Er hilft* ***O*** *zunächst in die Höhe und bewegt ihn dann nach rechts bis über seine Knie.*

O versucht, *seine Hände, sein Bekken und seine Füße so weit wie möglich in eine Linie zu bringen.* **U** setzt nun auch seine andere Hand an den linken Oberarm von **O** und streckt dann seine Arme. Nun hängt **O** stärker an den Armen von **U**.

Fänger: Hinter **O**, an der Hüfte.

65. *Knie-Handstand aus dem Doppeldreh***

U dreht **O** in den Handstand durch eine Doppel-Drehung (siehe Trick 40). Dann geht er um **O** herum, beugt seine Beine bis zur Sitzposition und faßt ihn mit beiden Händen fest unter (für **O** über) dem Bekken.

*Während er **O** gut unterstützt* (!), verlagert er das Gewicht von **O** auf eine Hand, so daß **O** mit seiner anderen Hand ein Knie von **U** greifen kann.

In der gleichen Weise verlagert **U** nun das Gewicht von **O** auf die andere Hand, so daß **O** auch die zweite Hand auf ein Knie von **U** legen kann.

Unterstützt von ***U*** drückt **O** sich jetzt in den Handstand. **U** hält **O** dicht bei sich und streckt seine Arme so weit wie möglich hoch.

Wenn **O** sich ganz durchgestreckt hat, legt **U** seine Hände, eine nach der anderen, auf die Oberarme von **O**.

U streckt seine Arme, wodurch **O** stärker nach außen hängt. ***O*** *steht völlig durchgestreckt*, wobei er versucht, in der verlängerten Linie seines Oberkörpers zu stehen.

Fänger: Hinter **O**, an der Hüfte.

66. Knie-Handstand aus dem Eindrehen**

O steht ganz nah vor **U** und legt seine Hände kurz über dessen Knien auf die Oberschenkel von **U**. **U** steht mit leicht gespreizten und gebeugten Beinen da. Seine Hände legt er bei **O** auf den Übergang zwischen Oberarm und Schulter. **O** lehnt sich etwas nach vorn, **U** lehnt sich nach hinten, um ein Gleichgewicht herzustellen. **O** hält seine Arme – genau wie **U** – gestreckt und lehnt sich so weit wie möglich nach vorn, um in den Handstand einzudrehen.

O macht sich so klein wie möglich, um leicht eindrehen zu können. Beim schwierigsten Punkt des Eindrehens *kann **U** helfen, indem er **O** mehr Raum nach vorn läßt.* **U** darf **O** jedoch nicht zu weit nach vorn lassen, da **O** sich sonst aus dem Griff herausdreht. **O** kann seine Arme ein wenig beugen, um das Eindrehen zu erleichtern. Es kostet aber viel Kraft, sie danach wieder zu strecken. **U** kann hierbei jedoch sehr helfen.

Sobald **O** eingedreht ist, zieht **U** die Schultern von **O** wieder zu sich heran, bis **O** ganz gerade steht.

U muß dies sehr langsam tun, da **O** sonst wieder zurückfällt.

Fänger: Hinter **O**, an der Hüfte.

67. Aufbau aus dem Knie-Handstand**

Man beginnt den Trick mit einem Handstand auf den Knien (Trick 64).

Wie beim Zurückdrehen zum Boden, dreht **O** sich jetzt auch so klein wie möglich und mit angezogenen Knien zurück. *In der Bewegung gibt **U** Raum nach vorn*, damit **O** besser drehen kann.

Statt seine Beine durch die von **U** zu bewegen, stellt **O** seine Füße auf die Oberschenkel von **U**. Dabei verlegt **U** seine Hände auf die Oberschenkel von **O**. Jetzt kann **O** sich aufrichten und **U** seine Arme strecken.

Fänger: Seitlich von **O**, an den Schultern und an der Hüfte.

68. Schulterstand auf den Füßen**

U legt sich rückwärts hin. **O** und **U** halten sich gegenseitig fest im Finger-Handgelenk-Griff. **U** bringt seine Beine gerade hoch. **O** legt seine Schultern auf die Füße von **U**, mit dem Schlüsselbein auf dem Ballen des Fußes von **U**. *U hält seine Arme gestreckt über seine Schultern.*

Nach einem Zeichen von **U** (leichtes Kneifen) springt **O** in den Schulterstand (mit angezogenen Beinen), *wobei er seine Arme streckt und sich auf die Arme von U stützt.* Steht **O** sicher auf den Füßen von **U**, so bewegt er seinen Kopf leicht nach vorn, so daß **U** seine Fersen hinter dem Nacken von **O** zusammenbringen kann. Danach lehnt sich **O** mit seinem Kopf gegen die Schienbeine von **U**.

Sobald **O** sicher steht, streckt er seine Beine. **U** hält seine Beine gerade über seinem Becken und seine Füße leicht gestreckt.

69. Schulterstand auf den Füßen aus dem freien Einsprung**

Es gibt zwei Möglichkeiten, um in den Schulterstand auf den Füßen einzuspringen. Die zweite Methode ist schwieriger als die erste.

1. **U** und **O** halten sich gegenseitig fest in einem Finger-Handgelenk-Griff. **U** hat seine Arme über seinen Schultern und seine Beine über seinem Becken gestreckt.

Nach einem Zeichen von **U** (leichtes Kneifen) springt **O** in den Schulterstand auf den Füßen. Dabei halten sowohl **U** als auch **O** ihre Arme gestreckt. **O** springt so hoch wie möglich in den Handstand. **O** hält während des Sprunges Spannung auf den Armen, so daß **U** ihn gut stützen kann.

2. Die zweite Methode des Einspringens unterscheidet sich von der ersten durch den Moment, in dem **U** seine Beine hochbringt. Dies geschieht nämlich während des Sprunges von **O**. Deshalb ist es wichtig, daß **O** so hoch wie möglich und mit gestreckten Armen in den Handstand springt. **U** hilft durch eine Streckung seiner Hände.

Fänger: Seitlich, an den Oberarmen und an der Hüfte von **O**.

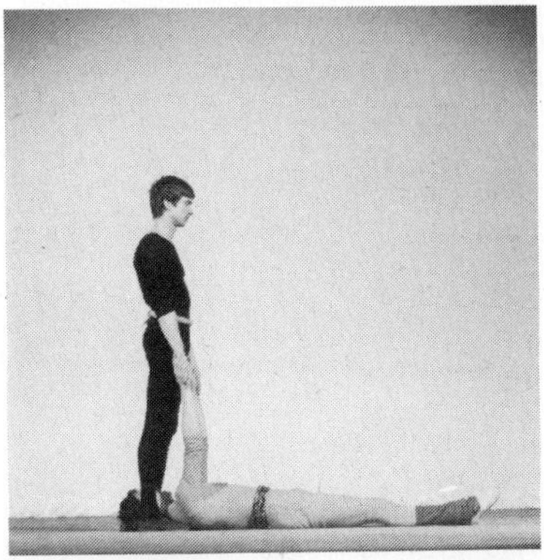

70. Stand auf den Händen aus dem Schulterstand auf den Füßen**

Man beginnt mit einem Schulterstand auf den Füßen (Trick 68).

O zieht seine Beine an und verlegt seine Hände zu den Handgelenken von **U**. **U** hält seine Arme gerade und gestreckt in die Höhe.

O dreht sich langsam mit seinen Füßen zu den Händen von **U** und stützt sich auf dessen Arme, *ohne sie wegzudrücken*. **U** faßt die Hände von **O** wie beim Stand auf den Händen (siehe Seite 19).

O faßt nun die Knöchel von **U**. Gestützt auf die Beine von **U** und *ohne diese von sich wegzudrücken*, verlagert **O** sein Gewicht auf die Arme von **U**.

O geht in den freien Stand und richtet sich auf.

Fänger: Seitlich von **O**.

*71. Frosch aus dem Schulterstand***

Man beginnt den Trick mit einem «Schulterstand auf den Füßen» (Trick 68). Man hält sich gegenseitig fest in einem Finger-Handgelenk-Griff, wobei man die Arme gestreckt hält.

O zieht seine Knie an seine Brust und macht sich so klein wie möglich. Während **O** sich langsam nach unten dreht, unterstützt **U** ihn mit seinen Armen. **O** dreht weiter und verlagert sein Gewicht nach und nach auf seine Hände. **U** hilft ihm dabei, *indem er* ***O*** *mit seinen Füßen über seine Arme bringt und mit diesen eine Schöpfbewegung ausführt*. Man muß darauf achten, daß man die Handgelenke nicht umklappt. **O** dreht weiter und macht einen Sitzstütz.

Man muß versuchen, diese Übung so geschmeidig wie möglich auszuführen. Vom Sitzstütz aus stellt **O** seine Füße auf die angezogenen Knie von **U** und geht in die Hocke auf den Knien von **U**. Dabei unterstützt **U** ihn in der Bewegung zu den Knien mit seinen Armen. Aus dieser Position heraus kann man in den «Sitz rückwärts» gehen (Trick 19).

Fänger: Seitlich, an den Oberarmen von **O**.

72. *Hoher Hecht auf den Händen***

U sitzt in der Hocke. **O** steht ihm gegenüber. **U** legt seine Hände auf die Hüfte und den Bauch von **O**, mit gespreizten Fingern und zueinander weisenden Daumen. **O** faßt die Handgelenke von **U**, mit den Daumen nach innen.

Nach einem Zeichen von **U** (leichtes Kneifen) *springt* ***O*** *schräg nach vorn in die Höhe*. Die Bewegung, die **U** macht, ist sehr komplex: **U** folgt dem Sprung und beugt die Hände, wodurch **O** gezwungen wird, sich hinzulegen. **O** arbeitet aktiv mit, indem er seinen Oberkörper etwas nach vorn beugt und die Bewegung mit seinen Händen lenkt. Währenddessen streckt **U** seine Beine.

Nun streckt **U** seine Arme über sich mit einer kräftigen und schnellen Bewegung. *Dabei versucht* ***U****, so schnell wie möglich unter den Schwerpunkt von* ***O*** *zu kommen*. **O** kommt in der Waagerechten zum Liegen.

Wenn **O** stabil liegt, streckt er seine Arme seitwärts.

Absetzen durch Hinknien: ***U*** setzt ein Bein einen Schritt nach hinten. Er belastet seine beiden Beine, während er sich nach hinten sacken läßt. **U** kniet auf seinem hinteren Bein. Währenddessen achten beide darauf, daß **O** entspannt «im Hecht» liegen kann. **U** setzt **O** aus dieser Position an den Boden.

Fänger: Seitlich, am Oberkörper und an den Beinen von **O**.

73. Hohe Handwaage**

U sitzt hinter **O** in der Hocke. **U** legt seine Hände auf das Gesäß von **O**, mit gespreizten Fingern und zueinander weisenden Daumen. **O** faßt die Handgelenke von **U**, mit den Daumen nach innen.

Nach einem Zeichen von **U** (leichtes Kneifen) *springt* ***O*** *schräg nach hinten in die Höhe*. **U** folgt dem Sprung und beugt seine Hände, wodurch **O** gezwungen wird sich hinzulegen. **O** arbeitet aktiv mit, indem er seine Beine leicht beugt und die Bewegung mit seinen Händen lenkt. Währenddessen streckt **U** seine Beine.

Dann streckt **U** die Arme gerade nach oben, mit einer schnellen und kräftigen Bewegung. *Dabei versucht* ***U*** *so schnell wie möglich unter den Schwerpunkt von* ***O*** *zu kommen.* **O** kommt in der Waagerechten zum Liegen.

Wenn **O** stabil liegt, streckt er seine Arme seitwärts.

Fänger: Seitlich, an den Oberarmen und an den Beinen von **O**.

74. Spreizsitz*

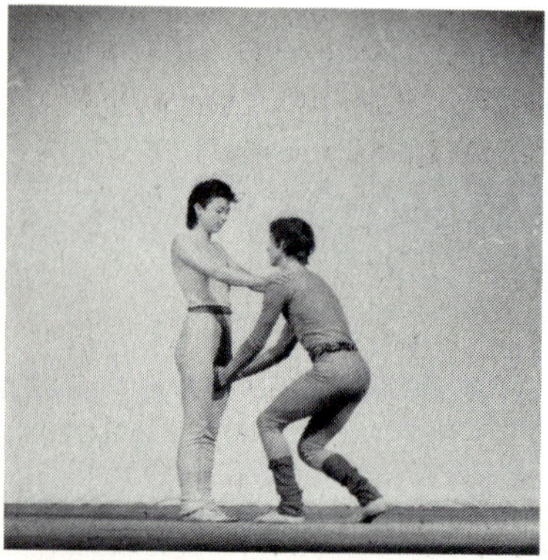

Die Partner stehen sich gegenüber. **U** legt seine Hände hoch an der Innenseite an die Beine von **O**. **U** hat die Handrücken gegen die Beine von **O** gedrückt, dieser hat seine Hände auf den Schultern von **U**.

Nach einem Zeichen von **U** (mit den Händen) springt **O** so hoch wie möglich. **U** folgt dem Sprung von **O** unmittelbar und unterstützt **O** von Anfang an. **O** stützt sich beim Sprung auf die Schultern von **U**.

O nimmt am höchsten Punkt des Sprunges eine Sitzhaltung ein. **U** spreizt während der Bewegung seine Hände, so daß seine Handflächen direkt unterhalb des Gesäßes unter die Oberschenkel von **O** kommen.

***O** bleibt gerade sitzen* und darf sich nicht nach vorn lehnen. **O** legt seine Beine auf die Schultern von **U**.

U unterstützt **O** an den Oberschenkeln. *Wichtig ist, daß **U** seine Hände höher als seine Schultern hält*, damit er entspannt sitzen kann. **O** darf nicht zu nah am Gesicht von **U** sitzen, maximal 20 cm.

Absetzen: **O** faßt die Handgelenke von **U**, die Daumen nach hinten. **U** setzt seine Hände in die Leistenbeuge von **O**.
O bleibt im Sitz und dreht über die Brust von **U** zum Boden. **U** bremst diese Drehbewegung mit seinen Armen dadurch, daß er sich leicht mit seinem Oberkörper nach hinten lehnt.

U stellt **O** vorsichtig auf den Boden und hilft ihm eventuell mit einem leichten Zug auf.

Fänger: Hinter **O**, an der Hüfte. Beim Absetzen an den Handgelenken von **O**.

75. *Spreizsitz mit Tempo***

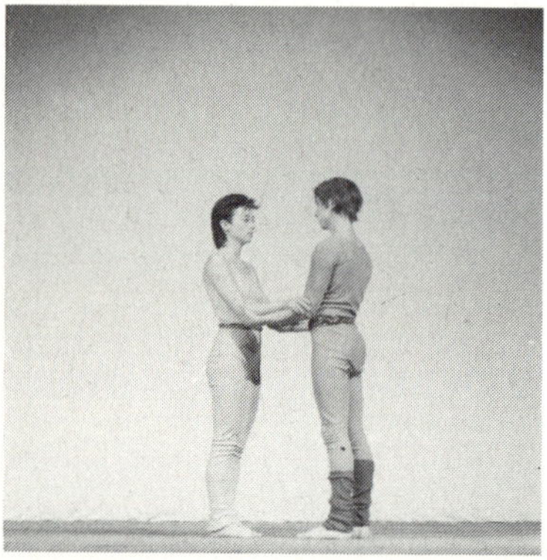

Man steht sich gegenüber mit den Armen im Ellbogen-Griff.

Es folgt eine Tempobewegung wie bei Trick 4.
U bewegt die Arme von **O** seitwärts, worauf **O** in die Knie geht, um zum Sprung anzusetzen. **O** springt gerade hoch. Noch bevor **O** vom Boden abhebt, bringt **U** seine Arme wieder an den Körper.

U verlängert den Sprung von **O** mit seinen Armen und aus den Beinen heraus. Kurz vor dem höchsten Punkt des Sprunges lassen sich beide Partner los.

O nimmt eine Sitzhaltung ein, seine Beine leicht gespreizt, und streckt seine Arme in die Höhe. **U** legt seine Hände direkt unterhalb des Gesäßes unter die Oberschenkel von **O**. *U hält seine Hände höher als seine Schultern*, so daß **O** entspannt und aufrecht sitzen kann.

Durch Tempo zum Boden: Während der folgenden Tempobewegung hält **U** seine Hände beständig höher als seine Schultern und verändert das Höhenverhältnis von Händen zu Schultern nicht. **U** führt nun die Tempobewegung mit seinen Beinen aus: hoch, hinunter und wieder hoch.

Bei der letzten Aufwärtsbewegung, streckt **U** seine Arme; der Impuls dieser Aufwärtsbewegung kommt aus den Beinen. ***U** streckt seine Arme in die Höhe und ein wenig nach hinten. Am höchsten Punkt bringt **O** sein Becken nach vorn.*

Das Tempo darf nicht zu hoch und nicht zu gering sein, so daß **O** ruhig auf den Boden kommt.

Fänger: Hinter **O**, an der Hüfte. Beim Sprung zum Boden an den Händen von **O**.

76. Spreizsprung**

Die Partner stehen sich im Ellbogen-Griff gegenüber. **U** steht mit gespreizten Beinen, ein Bein vor dem anderen.

Es folgt nun eine Tempobewegung wie bei Trick 4. **U** bewegt die Arme von **O** seitwärts, und **O** geht daraufhin in die Knie, um zum Sprung anzusetzen.

O springt hoch und leicht nach vorn. Noch bevor **O** vom Boden abhebt, hat **U** die Arme von **O** wieder an dessen Körper gedrückt.

U folgt **O** und streckt seine Arme so hoch wie möglich. *U hebt **O** bis zum höchsten Punkt nach hinten über seinen Kopf*. **O** hält seine Beine gespreizt und drückt sich auf den Armen von **U** hoch. Am höchsten Punkt, wenn **O** schon über **U** hinweg ist, lassen beide ihre Arme los.

Sobald **O** über den Kopf von **U** hinweg ist, *bringt er sein Becken nach vorn*.

O kommt mit seinen Füßen auf den Boden.
U hebt bei diesem Sprung nicht aus dem Rücken, sondern aus den Beinen heraus, was man auf den Fotos gut sehen kann. Für **O** ist dieser Sprung gut mit einem Bocksprung zu vergleichen. Die Bewegungen sind ähnlich.

Fänger: Hinter **U**; **O** so schnell wie möglich an den Oberschenkeln auffangend.

77. *Schleppsprung zu dritt***

Dieser Trick wird mit zwei Unterpersonen ausgeführt, **U1** und **U2**, und mit einer Oberperson.
U1 und **U2** halten **O** im Handgelenk-Handflächen-Griff fest, stehen seitlich von **O** und nicht zu weit voneinander entfernt.

Nach einem Zeichen von **U1** und **U2** (leichtes Kneifen) *springt* **O** *nach vorn* und macht eine halbe Kopfrolle. **O** hält von Anfang an seine Arme gestreckt. **U1** und **U2** geben **O** genügend Raum für den Sprung, ohne sich von ihrer Position wegziehen zu lassen.
Sie müssen also stark gegenhalten.

O hängt jetzt an den Armen von **U1** und **U2**, mit dem Kopf nach unten, das Kinn auf der Brust, die Arme gestreckt, das Becken oben und die Beine angezogen.

U1 und **U2** schwingen nun **O** nach hinten und wieder nach vorn, ohne daß sie die Beine beugen, da **O** sonst über den Boden schleift.

In dem Moment, in dem **O** zwischen **U1** und **U2** nach vorn schwingt, wirft er ein Bein schräg hoch und drückt sein Becken durch. Diese Bewegung muß schwungvoll sein. **U1** und **U2** folgen dem Schwung und begleiten **O**, bis dieser wieder am Boden steht.

Wichtig ist, daß **U1** und **U2** synchron und ruhig schwingen.

Da das Einspringen recht schwierig ist, kann man auch mit zwei einfacheren Übungen anfangen (siehe folgende Seite).

→

1. **O** liegt am Boden. **U1** und **U2** halten **O** in einem Handgelenk-Handgelenk-Griff.

O zieht seine Beine, sein Becken und seinen Rücken hoch und hängt nun, das Kinn auf der Brust, an den Armen von **U1** und **U2**.
O hält von Anfang an seine Arme gestreckt.

Von hier aus können **U1** und **U2** den Schwung beginnen, indem sie **O** nach vorn und wieder nach hinten schwingen. Nun folgt die oben beschriebene Bewegung.

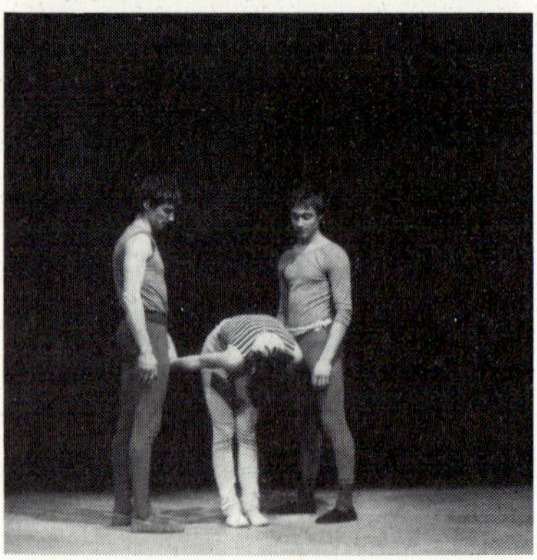

2. Ein Schritt weiter:
U1 und **U2** halten **O** in einem Handgelenk-Handflächen-Griff. **O** beugt sich nach vornüber, das Kinn auf der Brust. Jetzt macht **O**, nach einem Zeichen (leichtes Kneifen) von **U1** und **U2**, eine halbe Kopfrolle, und der Schleppsprung kann ausgeführt werden.

78. *Schulterstand aus dem Aufstieg***

U steht in einer Sitzposition, die Beine leicht gebeugt und gespreizt. ***O** steht dicht hinter ihm* und hält ihn im Finger-Handgelenk-Griff.
O stellt seinen linken Fuß auf den linken Oberschenkel von **U**, nah an der Leiste. **U** hält seine Hand in Augenhöhe und etwas vor sich.

O streckt sich über seinem linken Bein und stellt seinen rechten Fuß auf die rechte Schulter von **U**. Jetzt müssen mehrere Bewegungen gleichzeitig ausgeführt werden: **U** gibt ein Zeichen, indem er leicht in die Knie geht und sie direkt danach streckt. Gleichzeitig mit seinen Beinen *streckt **U** seine Arme gerade hoch*. **O** bringt während dieser Bewegung sein Gewicht auf das rechte Bein. Gleichzeitig mit der Streckbewegung von **U** steigt **O** auf und setzt seinen linken Fuß auf die linke Schulter von **U**. ***O** stützt sich hierbei auf die Hände von **U**.*

O stellt sich gerade hin, während **U** seine Hände, eine nach der anderen, hinter die Waden von **O** legt.
Für den Stand selbst gilt das Folgende: **O** hat die Ballen seiner Füße auf den Schlüsselbeinen von **U**, die Zehen ragen etwas darüber hinaus. **O** hat seine Füße leicht gestreckt und bringt die Fersen so nah wie möglich aneinander, so daß **U** an den Schienbeinen von **O** stützen kann. *__O__ lehnt sich nicht gegen den Kopf von __U__.* Der Schwerpunkt von **O** muß über der Mitte seiner Füße liegen. **U** legt seine Hände hinter die Waden von **O**, um zu verhindern, daß **O** nach hinten fällt. *__U__ darf nicht an den Waden von __O__ ziehen.* Wenn **O** stabil steht, kann **U** die Waden von **O** loslassen. **U** muß aber seine Hände oben halten, da **O** sonst eine zu geringe Unterstützung erhält.

Fänger: Zwei Fänger seitlich, an den Oberschenkeln.

*79. Abgang (I)***

O steht auf den Schultern von **U**.

U und **O** greifen sich im Finger-Handgelenk-Griff. **O** bringt seine Hände hinter sein Gesäß und gleichzeitig ein Bein nach vorn und den Oberkörper nach hinten. *Das Gewicht von **O** bleibt direkt über den Schultern von **U**. Wichtig ist, daß **O** die Arme von **U** nicht belastet, bevor er seine Hände richtig aufgesetzt hat.* **U** hilft ihm dabei und versucht seine Arme gerade zu halten.

Liegen die Hände richtig, so lehnt **O** seinen Oberkörper weiter nach hinten und bringt auch das zweite Bein nach vorn, so daß **U** das Gewicht von **O** auf seinen Armen trägt. **U** hält seine Arme gestreckt, und hat das ganze Gewicht von **O** direkt über sich.

U stellt **O** jetzt langsam auf den Boden. Während des Hinsetzens setzt **U** seine Hände höher am Körper von **O** auf, damit dieser nicht nach hinten fällt.

Fänger: Seitlich von **O**, an den Oberarmen und an den Beinen.

Abgang (II)

Die Bewegung ist im wesentlichen die gleiche wie beim Abgang (I). Der einzige Unterschied besteht darin, daß **O** mit beiden Beinen auf den Schultern von **U** stehen bleibt, bis die Hände richtig plaziert sind. Dann bringt **O** beide Beine gleichzeitig nach vorn *und seinen Oberkörper so weit nach hinten, daß das Gewicht gerade über* ***U*** *bleibt.*

80. Schulterstand von vorn mit Tempo**

O steht mit dem Rücken vor **U**, dieser sitzt in der Hocke. Beide halten sich im Finger-Handgelenk-Griff fest, die Handgelenke nach hinten gebeugt.

O läßt während der ganzen Bewegung seine Arme gestreckt. Jetzt folgt eine Tempobewegung. **U** beginnt diese, indem er die Arme von **O** zur Seite bewegt. Während dieser Bewegung geht **O** etwas in die Knie, um zum Sprung anzusetzen. Wenn **U** die Arme von **O** am weitesten nach außen geführt hat, muß **O** sich am tiefsten Punkt seiner Bewegung befinden.

O springt, und **U** bewegt die Arme von **O** wieder zurück. In dem Moment, in dem **O** vom Boden abhebt, hat **U** die Arme von **O** wieder an dessen Körper gebracht. **U** unterstützt **O** während der ganzen Zeit an den Armen. *U folgt dem Sprung von **O** direkt* und fängt, bevor **O** den höchsten Punkt erreicht hat, an, seine Arme zu strecken. *U kommt in einer schnellen und kräftigen Bewegung hoch* und folgt mit seinen Armen dieser Bewegung. **U** streckt sich aus dem ganzen Körper heraus.

***O** stützt sich mit gestreckten Armen* auf die Hände von **U**. Am Anfang des Sprunges drückt **O** seine Arme an seinen Körper, um die Stabilität zu erhöhen. Höher im Sprung zieht **O** sein Becken nach hinten und oben, um seine Füße auf die Schultern von **U** stellen zu können.

Als nächstes setzt **U** seine Hände, eine nach der anderen, auf die Waden von **O** oder streckt sie nach oben (siehe die Beschreibung des Schulterstands aus dem Aufstieg, Trick 78).

Fänger: Seitlich von **U**, an den Unterarmen von **O**.

81. *Schulterstand von hinten mit Tempo***

O steht hinter **U**, die Hände im Finger-Handgelenk-Griff, die Handgelenke von **U** sind nach hinten gebeugt, er steht in Schrittstellung, von dem hinteren Bein sind nur die Zehen am Boden, so daß der Unterschenkel fast waagerecht steht. **U** steht mit gebeugten Beinen, den Oberkörper leicht nach vorn. Die Hände befinden sich etwa in Augenhöhe und vor ihm.

Jetzt folgt eine Tempobewegung: Diese Bewegung wird von **U** dadurch begonnen, daß er sein Standbein durchdrückt, beugt und wieder durchdrückt. Gleichzeitig mit der Aufwärtsbewegung drückt **O** sich mit dem auf den Boden gestellten Bein ab und *springt leicht vorwärts hoch.* ***O*** *streckt das auf die Wade gestellte Bein, und* ***U*** *schnellt* ***O*** *mit diesem Bein in die Höhe.*

Höher im Sprung drückt ***O*** *sich über die Arme von* ***U****.* **U** beugt seine Hände ein wenig und streckt seine Arme. Wenn der Sprung von **O** nicht hoch genug ist, so kann **U** seine Arme dadurch strecken, daß er seine Beine erneut beugt und auf diese Weise **O** über sich bringt.

O kann jetzt vorsichtig die Füße (angefangen mit dem linken) auf die Schultern von **U** stellen.

Wenn die Füße von **O** sicher stehen, kann **U** seine Hände, eine nach der anderen, zu den Waden von **O** verlegen. **O** muß sich jetzt gerade hinstellen. **U** läßt die Waden von **O** los.

Eine detaillierte Beschreibung des Stands auf den Schultern findet man bei Trick 78.

Fänger: Seitlich von **O**, an den Unterarmen.

82. Schultersitz mit Tempo**

U sitzt direkt hinter **O** in der Hocke, die Hände im Finger-Handgelenk-Griff.

Es folgt jetzt eine Tempobewegung: **U** bewegt die Arme von **O** seitwärts. **O** geht in die Knie, um zum Sprung anzusetzen.

U führt die – von dem Moment an – gestreckten Arme von **O** wieder zu dessen Körper, während **O** so hoch wie möglich springt. *In dem Moment, in dem **O** vom Boden abhebt, liegen die Arme von **O** flach am Körper. **U** folgt dem Sprung von **O** direkt und verlängert diesen dadurch, daß er sich schnell und kräftig aus den Beinen heraus nach oben drückt.*

U streckt seine Arme, indem er die Schnelligkeit der Bewegung seiner Beine direkt mit den Armen übernimmt. **U** bringt während der Bewegung den Schwerpunkt von **O** gerade über sich. Dies ist möglich, da **O** etwas nach hinten springt und da sowohl **U** als auch **O** die Hände leicht beugen. Am höchsten Punkt des Sprunges sitzt **O** im Stütz, hält seine Arme gestreckt und seine Beine gespreizt.

U läßt **O** langsam in den Schultersitz herunter.

O klemmt seine Beine hinter den Rücken von **U**, und **U** legt seine Hände auf die Oberschenkel von **O**.

Fänger: Seitlich an den Oberarmen von **O**.

83. *Schulterstand aus dem Schultersitz mit Tempo***

O sitzt auf den Schultern von **U**, die Hände im Finger-Handgelenk-Griff. **O** sitzt aufrecht, *die Arme flach am Oberkörper nach unten* und die Beine nach vorn gestreckt. **U** steht in einem leichten Ausfallschritt und unterstützt die Arme von **O**.

Jetzt folgt eine Tempobewegung aus den Beinen heraus.
U streckt sich, beugt seine Beine und streckt sich schließlich kräftig nach oben durch.

U setzt jetzt die Bewegung seiner Beine fort, indem er seine Arme streckt. **O** stützt sich mit gestreckten Armen auf die Hände von **U** und dreht mit einer Tempobewegung sein Becken hoch nach hinten. Hierdurch kann **O** seine Füße auf die Schultern von **U** stellen.

Die Füße werden wie bei Trick 78 aufgesetzt. Wenn die Füße richtig stehen, läßt **O** die Hände los und stellt sich gerade hin. Eventuell geschieht dies, indem **U** eine Hand nach der anderen löst und hinter die Waden von **O** legt. Steht **O** stabil, so nimmt **U** seine Hände von den Waden weg.

Fänger: Seitlich von **O**, an den Unterarmen.

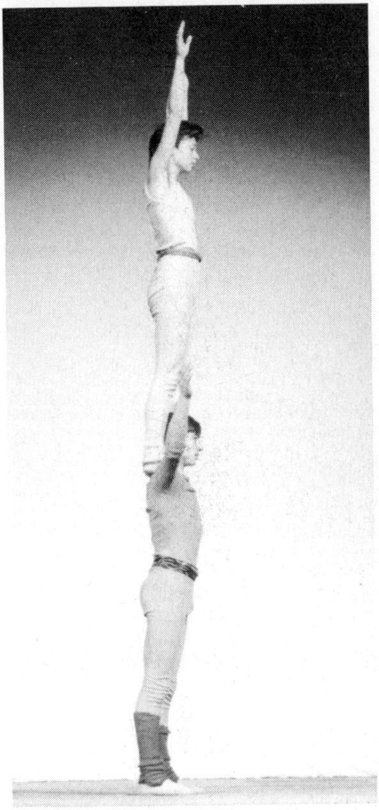

84. Schulterstand aus dem freien Aufstieg**

Die Partner stehen schräg hintereinander, einige Meter voneinander entfernt, das Gesicht in die gleiche Richtung gewandt. **U** steht in einer Sitzposition, die Beine gebeugt und gespreizt, die Arme nach oben gestreckt.

O geht auf **U** zu und setzt seinen linken Fuß auf den Oberschenkel von **U**, so nah wie möglich an der Leiste.

O steigt auf und stellt seinen rechten Fuß auf die rechte Schulter von **U**.

*Während **O** sein Gewicht auf das obere Bein bringt und aufsteigt, kommt **U** zum Stand.* **U** unterstützt mit seinem Kopf das Schienbein von **O** und klemmt den Fuß von **O** zwischen Hals und Schulter ein, indem er seine Arme hochstreckt. Eventuell kann **U** seine Hände hinter die Waden von **O** legen.

O richtet sich nun ebenfalls auf und stellt währenddessen seinen linken Fuß auf die linke Schulter von **U**. **O** schließt so schnell wie möglich die Fersen, so daß er von **U** optimal mit dem Kopf an seinen Schienbeinen gestützt wird.

Man sollte versuchen, den Aufstieg vom Anfang bis zum Stand auf den Schultern in einer fließenden Bewegung auszuführen. Am Anfang kann man sich beim Aufstieg mit einem Arm abstützen. In diesem Fall nimmt **O** die linke Hand von **U** mit seiner linken Hand in einem Finger-Handgelenk-Griff. **U** hält diesen Arm über seinen Schultern und streckt ihn hoch, so daß **O** sich gut darauf stützen kann.

Fänger: Rechts von **U**, am Bein von **O**.

*85. Schulterstand mit halber Umdrehung mit Tempo***

O und **U** stehen mit dem Gesicht zueinander. **O** hat seine linke Hand auf dem Kopf von **U**, die rechten Hände fassen in einem Finger-Handgelenk-Griff. **U** beugt seine Beine (Sitzposition) und legt seine linke Hand mit der Handfläche nach oben auf sein linkes Knie. **O** stellt seinen linken Fuß darauf.

Nach einer Tempobewegung von **U** (strecken, beugen und wieder strecken) springt **O** hoch. Er drückt sich mit dem rechten Bein vom Boden ab und unterstützt die Bewegung mit dem linken Bein. **U** richtet sich während des Sprunges von **O** auf, *drückt mit seiner linken Hand den linken Fuß von* ***O*** *zu seiner linken Schulter hoch* und streckt seinen rechten Arm nach oben. **O** streckt so schnell wie möglich sein linkes Bein und *stützt sich sowohl auf die rechte Hand als auf den Kopf von* ***U***.

O macht während des Sprunges eine halbe Drehung und stellt seinen rechten Fuß auf die rechte Schulter von **U**.

O stellt sich auf sein rechtes Bein, stellt seinen linken Fuß auf die linke Schulter von **U** und richtet sich so schnell wie möglich auf. **U** kann eventuell seine Hände hinter die Waden von **O** legen.

Fänger: Ein Fänger hinter **O** und ein Fänger rechts von **U**.

86. *Arabeske auf einer Schulter***

O steht auf den Schultern von **U** (Trick 78).
U faßt mit zwei Händen das rechte Bein von **O** direkt unterhalb des Knies.

U drückt dieses Bein ein wenig nach außen (rechts) und nach hinten, so daß **O** dieses Bein gestreckt halten kann.

O geht auf dem rechten Bein in die Arabeske-Position.

U unterstützt **O** mit den Händen, aber **O** versucht frei zu stehen.

Fänger: Rechts von **O**, am Bein.

Tricks für Trios

87. Dreier-Hecht**

Dieser Trick wird mit einer Unter-, einer Zwischen- und einer Oberperson ausgeführt (**U**, **Z**, **O**). **Z** legt **U** nieder und setzt sich mit seinem Gesäß gegen die Knie von **U**.

Z rollt rückwärts und wird von **U** an den Schultern aufgefangen.

Z liegt auf **U**; ziemlich hoch auf dessen Oberschenkeln. *U drückt gegen dessen Schultern, und Z hält sich an den Unterschenkeln von U fest.* Nun stellt sich **O** direkt vor die Füße von **U**, und **Z** setzt seine Füße wie bei Trick 24 gegen den Unterkörper von **O**.

Es folgt die gleiche Bewegung wie bei Trick 24. **O** faßt die Knöchel von **Z**, dieser zieht seine Beine an und verkantet seine Füße, so daß **O** darauf liegen kann. **O** soll nicht springen.

Z streckt seine Beine, und **O** kann die Knöchel von **Z** loslassen.

Fänger: Seitlich von **O** am Oberkörper und an den Beinen.

88. Doppelter Schulterstand**

Bei diesem Trick gibt es zwei Oberpersonen, **O1** und **O2**, und eine Unterperson.
O1 legt **U** nieder. **U** stellt seine Füße nah an das Gesäß und *drückt sein Becken hoch.*

O1 macht einen Schulterstand mit den Händen, etwas höher als bei Trick 14.

Anschließend stellt **O2** sich dazu: Seine Schultern liegen auf den Oberschenkeln von **U**, dicht bei den Knien. Mit seinen Händen greift er die Handgelenke von **U**. **O2** steht mit gespreizten Beinen über **U**, ein Bein an jeder Seite.

Um **O2** genügend zu stützen, ist es wichtig, daß **U** sein Becken hochdrückt und es hochhält. **O2** macht ebenfalls einen Schulterstand.

Absetzen: **O1** und **O2** kommen gleichzeitig zum Boden zurück. **O1** kommt mit den Beinen an der einen Seite, **O2** an der anderen Seite von **U** herunter.

Fänger: Seitlich, an den Hüften von **O1** und **O2**.

89. Buchstütze mit Hecht**

Z legt **U** nieder und lehnt mit seinen Schultern gegen die Füße von **U**. **O** stellt sich zwischen die Beine von **Z**. **Z** legt seine Hände auf das Bekken von **O**, wie bei Trick 72. **O** nimmt die Handgelenke von **Z**.

Z steht mit gebeugten Beinen, so daß der Sprung für **O** leichter wird. Nach einem Zeichen von **Z** (leichtes Kneifen) *springt* **O** *hoch und nach vorn.*

Z beugt seine Hände, damit **O** sich hinlegen kann, und bringt seine Arme gestreckt über seine Schultern. **Z** streckt nun ebenfalls seine Beine. Bei genügender Stabilität kann **O** die Handgelenke von **Z** loslassen.

Fänger: Seitlich, am Oberkörper und an den Beinen von **O**.

90. Hoher Hecht auf den Händen aus dem Schulterstand**

Der nachfolgende Trick wird mit einer Ober- und zwei Unterpersonen durchgeführt.
O steht auf den Schultern von **U1** (Trick 78). **U2** stellt sich **U1** gegenüber.

U2 streckt seine Arme in die Höhe.
U1 *geht in die Knie, so daß* ***U2*** *seine Hände auf das Becken von* ***O*** legen kann. **U2** plaziert seine Hände wie bei Trick 72.
O bleibt aufrecht stehen und faßt die Handgelenke von **U2**.

U2 beugt seine Hände, so daß **O** zum Liegen kommt. **O** hält die Beine gestreckt. **U2** hilft ihm dadurch, daß er hochkommt. **U2** bringt seine Arme gerade über seine Schultern.

Fänger: Seitlich von **O**, am Oberkörper und an den Beinen.

91. Hoher Dreier-Schulterstand**

Dieser Trick wird mit zwei Unterpersonen und mit einer Oberperson durchgeführt.
O steht bei **U1** auf den Schultern (Trick 78).
U2 stellt sich **U1** gegenüber. **U1** legt seine Arme gestreckt auf die Schultern von **U2**, der seine Arme schräg hochstreckt.

O legt seine Schultern in die Hände von **U2** wie bei Trick 14 und faßt die Oberarme von **U1**.

O streckt seine Arme, springt in den Schulterstand und stützt sich auf **U1** und **U2**.

O streckt nun seine Beine.

Für diesen Trick ist es vorteilhaft, wenn **U1** ebenso groß ist wie **U2** oder größer. **U1** darf nicht kleiner sein als **U2**, da dann das Einspringen in den Schulterstand für **O** erschwert wird. Größere Längenunterschiede müssen dadurch korrigiert werden, daß **U1** bzw. **U2** ihre Beine mehr oder weniger beugen.

Fänger: Seitlich, an den Unterarmen und Schultern von **O**.

92. *Brennendes Haus* **

Dieser Trick wird mit zwei Unterpersonen und einer Oberperson ausgeführt.
O steht auf seinen Zehen, die Beine leicht gespreizt. Die beiden Unterpersonen machen alle Bewegungen synchron. Sie sitzen seitlich von **O** in der Hocke und setzen eine Hand unter den Fuß von **O** und die andere auf seinen Oberschenkel.
Wenn sich die Unterpersonen in der Größe unterscheiden, setzt die größere ihre Hand entsprechend höher an den Oberschenkel von **O**.
O hat seine Hände auf den Köpfen von den **U1** und **U2**.

U1 *und* ***U2*** *heben* ***O*** *gleichzeitig hoch,* zunächst an den Füßen, später an den Oberschenkeln. **O** stützt sich anfangs auf die Köpfe von **U1** und **U2**.

O *bleibt gestreckt.* **U1** und **U2** strekken ihre zu den Oberschenkeln von **O** führenden Arme und drehen ihre Schultern während der Bewegung aufeinander zu, so daß diese direkt unter den Schwerpunkt von **O** kommen.

Wenn **U1** und **U2** ihre Arme gestreckt haben, drücken sie die Füße von **O** leicht von sich weg, so daß sie das Gewicht von **O** fast ausschließlich mit den gestreckten Armen tragen.
U1 *und* ***U2*** *müssen die Füße von* ***O*** *in einem gleichmäßigen Abstand von ihren Körpern halten* und können so **O** lenken.

Fänger: Vor und hinter **O**, am Oberkörper.

93. *Doppelter Hecht****

Bei diesem Trick liegen zwei Oberpersonen bei einer Unterperson im «Hecht».
U legt sich hin, und **O1** stellt sich mit gespreizten Beinen über ihn. **U** streckt seine Arme in die Höhe.
O1 stellt sich mit seinem Becken gegen die Hände von **U**. **U** setzt seine Hände auf das Becken von **O1** wie bei Trick 27.

O1 legt sich auf die Hände von **U**. Dazu winkelt **U** seine Hände leicht an.

O1 läßt seine Beine gespreizt, so daß **O2** einen «Hecht auf den Füßen» von **O1** machen kann (siehe Trick 24).

Liegen beide Oberpersonen stabil, so können sie **U** mit den Händen loslassen.

O1 und **O2** können sich auch gleichzeitig in den «Hecht» legen. Dies erfordert von **U** jedoch ein größeres Koordinationsvermögen.

94. Brückenbau***

U legt sich rückwärts hin. **Z** ergreift die Hände von **U** in einem Finger-Handgelenk-Griff. **U** streckt seine Beine leicht gespreizt nach oben.

Z schwingt, gestützt auf seine Arme, seine Beine nach vorn, zwischen den Beinen von **U** hindurch. **Z** hält sein Gewicht noch zum größten Teil über den Armen von **U**. **Z** schwingt seine Oberschenkel auf die Füße von **U**, der seine Füße in die Kniekehlen von **Z** setzt.

Z klemmt seine Füße um die Beine von **U** und kommt zum Sitz (Variation des Fußsitzes aus Trick 37).
U bringt seine Beine gestreckt über sein Becken.

Z lehnt sich nun langsam nach hinten und hält sein Becken hoch. Um die Balance zu halten, *führt **U** seine gestreckten Beine ein wenig nach vorn.*

Z legt seine Schultern in die Hände von **U**. Sowohl **U** als auch **Z** sorgen dafür, daß die Knie von **Z** relativ dicht zusammenbleiben. Diese Position heißt «Brücke».

O stellt sich hinter **U**, und **Z** und ergreift die Hände von **Z** im Finger-Handgelenk-Griff. **Z** und **O** halten beide ihre Arme gebeugt.

Nach einem Zeichen von **Z** (leichtes Kneifen) springt **O**, gestützt auf die Arme von **Z**, in die Hocke auf die Oberschenkel von **Z**. **O** setzt seine Füße ganz auf die Beine von **Z**, dicht bei den Knien. ***Z** hilft **O**, in die Hocke zu gehen, indem er **O** mit seinen Armen in Richtung seiner Knie drückt.*

→

U sorgt für die richtige Balance in der Längsrichtung. **Z** und **O** sorgen für die seitliche Stabilität. Man könnte nun eine Pause machen. Schöner ist es jedoch, die Bewegung fließend weiterzuführen.
O und **Z** strecken ihre Arme und halten sie gespannt. **O** richtet sich aus der Hocke auf und zieht **Z** mit sich, bis dieser wie bei Trick 18 steht. **O** muß sich nicht nur hoch, sondern auch leicht nach vorn bewegen, um **Z** hochziehen zu können. Wenn **O** sich fast aufgerichtet hat, geht er in den freien Stand. ***Z** kommt so weit hoch, daß seine Oberschenkel waagerecht stehen,* so daß **O** eine ausreichende Stütze unter seinen Fersen erhält.

Wenn **O** sicher steht, lassen **O** und **Z** einander los. ***U** hält seine Beine nun wieder senkrecht über seinem Becken.*

Absetzen: **Z** faßt **O** in der Taille. **O** faßt die Handgelenke von **Z** und springt zusammen mit **Z** zum Boden. Wenn **O** fast auf dem Boden ist, beugt **U** leicht seine Beine, und **Z** löst seine Füße von den Beinen von **U**, so daß **Z** unmittelbar nach **O** zum Stand kommt.

Fänger: Seitlich, **O** an den Armen und **Z** am Oberkörper und an den Beinen unterstützend. Darauf achten, daß **Z** nicht zur Seite fällt.

95. Brücke mit Schulterstand***

Z legt **U** rückwärts nieder und kommt mit einem kleinen Schwung an der Kopfseite von **U** zum Fußsitz. Die Füße von **U** kommen in die Kniekehlen von **Z**, der dann seine Beine um die von **U** klemmt.
U streckt seine Beine gerade über sein Becken. **Z** hält sein Becken hoch und lehnt seinen Oberkörper zurück, so daß **U** seine Hände auf die Schultern von **Z** legen kann. *Während dieser Bewegung führt **U** seine Beine von sich weg,* um das Gleichgewicht zu halten. Diese Position heißt «Brücke» und wurde beim vorigen Trick bereits beschrieben.
O legt seine Hände auf die Oberschenkel von **Z**, etwas höher als beim normalen Schulterstand.
Z hält seine Arme bereit, um die Schultern von **O** aufzufangen.

O springt mit Hilfe seiner Arme in den Schulterstand. **Z** fängt **O** so schnell wie möglich an den Schultern auf, wie beim normalen Schulterstand.

__O__ streckt seine Hände so schnell wie möglich, so daß **Z** die Schultern von **O** besser stützen kann. **Z** hält seine Arme die ganze Zeit gestreckt.

Bei ausreichender Stabilität kann **O** seine Beine strecken. Wenn der Trick vollkommen ausbalanciert ist, kann man auch zum freien Schulterstand übergehen. Dies tut man in der gleichen Art und Weise wie beim niedrigen Schulterstand (Trick 16).

Fänger: Seitlich; an den Armen und an der Schulter von **O** sowie am Oberkörper und an den Beinen von **Z**.
Darauf achten, daß **Z** nicht zur Seite fällt.

96. Pirat***

Z steht auf den Schultern von **U** (Trick 78), und **O** steht nah vor **U**, die Arme in die Höhe gestreckt. **Z** beugt seine Beine, faßt **O** in einem Handgelenk-Handgelenk-Griff und versetzt seine Füße etwas nach hinten. **U** legt seine Hände, mit den Daumen der ganzen Länge nach zueinander, auf das Gesäß von **O**.

Z und **O** halten ihre Arme während des ganzen Tricks gestreckt.
U beginnt die Bewegung, indem er seine Beine beugt. Am tiefsten Punkt der Bewegung von **U** *fängt* **Z** *an,* **O** *aus den Beinen heraus zu heben.*
Z hält seinen Rücken gerade nach hinten (siehe Trick 18).

O wird hochgezogen. **U** hilft **O** dabei, indem er ihn von sich wegdrückt. **U** richtet sich gleichzeitig mit **Z** auf.

U streckt seine Arme, läßt sie jedoch nicht höher als in Schulterhöhe kommen, da **O** sonst nach hintenüberfällt. **Z** hängt so weit nach hinten, daß der gemeinsame Schwerpunkt von **O** und **Z** direkt über die Schultern von **U** kommt. Für eine bessere Gewichtsverteilung und um eine schönere Figur zu erreichen, kann **O** ein Bein anziehen.

Fänger: **Z** wird sowohl vor als auch hinter **U** gefangen.

Trickverzeichnis

Basistricks für zwei Partner

1. *Vorwärts hinlegen* *
2. *Rückwärts hinlegen* *
3. *Kniestand aus dem Aufsteigen* *
4. *Kniestand mit Tempo* *
5. *Wechselstand einbeinig* *
6. *Aufbau aus dem Aufsteigen* *
7. *Aufbau mit Tempo* *
8. *Aufbau aus dem Kniestand* *
9. *Arabeske* *
10. *Schwebebrett* *
11. *Schultersitz aus dem Aufrichten* *
12. *Aufbau aus dem Schultersitz* *
13. *Schultersitz und gerader Abgang* *
14. *Knie-Schulterstand* *
15. *Frosch aus dem Knie-Schulterstand* *
16. *Freier Schulterstand aus dem Knie-Schulterstand* **
17. *Freier Schulterstand aus dem Einspringen* **
18. *Kniestand aus dem Frosch* *
19. *Kniestand rückwärts aus dem Frosch* *
20. *Beinwaage* *
21. *Handwaage aus der Beinwaage* *
22. *Beinwaage aus der Handwaage* *
23. *Umgedrehter Schulterstand aus der Beinwaage* **
24. *Hecht auf den Füßen* *
25. *Vogelnest* *
26. *Schulterstand mit Fersengriff aus dem Hecht auf den Füßen* *
27. *Hecht auf den Händen aus dem Hecht auf den Füßen* **
28. *Hecht zwischen den Beinen aus dem Hecht auf den Händen* *
29. *Schulterstand aus dem Hecht zwischen den Beinen* **
30. *Fußwaage* *
31. *Fußwaage aus dem umgekehrten Schulterstand* **
32. *Handstand-Abgang aus der Fußwaage* **
33. *Fußwaage aus dem Handstand* **
34. *Abdrehen aus der Fußwaage* *
35. *Handwaage aus der Fußwaage* **
36. *Fußwaage quer* **
37. *Fußsitz* *
38. *Handwaage aus dem Fußsitz* *
39. *Umgekehrter Fußsitz* **
40. *Doppeldreh* *
41. *Armsitz* *
42. *Abgang rückwärts aus dem Armsitz* *
43. *Insel* *
44. *Nicker* *
45. *Rock 'n' Roll* **
46. *Überzug* *
47. *Rückensalto* *
48. *Nackensalto* **
49. *Kindersalto* **
50. *Fisch* **
51. *Raupe* *

Fortgeschrittene Tricks für zwei Partner

Tricks für Trios